EL APRENDIZAJE DE LA ORTOGRAFÍA

Más de 50 recursos educativos para motivar al alumnado

AF274693

Carla Lis Vilas

Del texto:
Carla Lis Vilas
De las fotografías:
Carla Lis Vilas

Diseño de edición:
Jennifer Martínez Ramírez

De la presente edición:
Grupo Sar Alejandría S.L

Edita:
Saralejandría Ediciones

ISBN: 978-84-10105-37-9
Depósito Legal: CS 425-2024

Dedicado a mi alumnado y a mi familia, los dos pilares que me apoyan y me hacen crecer personal y profesionalmente.

Y a todas las personas que están leyendo esto ahora mismo, por confiar en mí y por vuestro interés hacia mi libro.

Deseo que os encante y estoy feliz por compartiros "un trocito de mí".

Con todo mi cariño e ilusión.
Carla

ÍNDICE

INTRODUCCIÓN

Considero que la profesión de maestro/a es una de las más importantes, ya que enseñamos los pilares básicos de la educación a las generaciones más jóvenes para que, en un futuro, puedan ser lo que deseen.

Es por ello que me parece fundamental amenizar la tarea de la enseñanza a través de la motivación y buscando los intereses de cada alumno. ¿Cómo hacerlo? La respuesta nos la darán ellos, diciéndonos sus gustos. Nuestra tarea no es tan complicada, solo debemos guardar bien esa información y transformarla en herramientas prácticas para la clase.

En mi caso, siempre he defendido el juego en el aula y por eso me gusta tanto diseñar recursos educativos. En ellos, puedo mezclar mis dos pasiones: la educación y la diversión. Si a los adultos nos encanta jugar, imaginad la sensación tan bonita que podemos despertar si les ofrecemos actividades diferentes, manipulativas y temáticas.

A mayores, sumadle que hay contenidos más difíciles de entender y que les pueden resultar aburridos y frustrantes. ¡Ahí es donde los recursos cobran todo el sentido! Serán nuestros aliados frente a las multiplicaciones, los problemas, el análisis sintáctico o la ortografía, entre otros.

En este libro encontraréis todo lo necesario para ofrecer una enseñanza diferente de la ortografía. Por un lado, es inevitable recordar la teoría básica de cada contenido. Por otro lado, la parte práctica es mi favorita y en ella encontraréis multitud de actividades y juegos listos para descargar, imprimir y utilizar.

Por eso os pido un favor… acompañadme y acompañad a vuestro alumnado en un viaje por el mundo de la ortografía. Solo necesitan paciencia, cariño, ganas e ilusión. ¿Os atrevéis?

¡Pues adelante, demos comienzo a esta gran aventura!

Deseo que os ayude, facilite e inspire.

CAPÍTULO 1
¿QUÉ ES LA ORTOGRAFÍA?

Imagino que, como docentes o familias, os habréis sentido frustrados alguna vez al comprobar que vuestro peque no escribe correctamente algunas palabras o no utiliza los signos de puntuación en un texto. Nos ha pasado a todos. Es cuestión de paciencia y reforzar el aprendizaje de la ortografía mediante alguna actividad que les resulte motivadora y divertida.

¿Quién olvida lo que le ha gustado? Nadie. Sin embargo, qué difícil es aprender un contenido que nos parece aburrido.

Si a nosotros como adultos nos cuesta concentrarnos en algunas tareas, imaginad al alumnado que tiene que estar varias horas en el centro dando contenidos de diferentes materias. ¿No creéis que necesitan un poco de emoción y diversión?

Acompañadme en este primer capítulo para entender qué es la ortografía, por qué es tan importante en nuestras vidas y cómo podemos conocer las reglas para poder cumplirlas o, al menos, intentarlo.

¿QUÉ ES LA ORTOGRAFÍA?

La ortografía es el conjunto de normas que regulan la escritura de una lengua. Es decir, existen unas reglas ortográficas para que las personas de una misma comunidad lingüística, puedan escribir correctamente las palabras y los signos de puntuación.

A pesar de lo fundamental que es su conocimiento y adecuado uso, en muchas ocasiones resulta un contenido difícil de enseñar por parte del profesorado, y de aprender, por parte de los alumnos.

En los siguientes capítulos nos centraremos en cada apartado de la ortografía y en cómo trabajarlo de una manera diferente y atractiva, pero antes conozcamos su importancia.

¿Por qué es importante conocer las reglas ortográficas?

Escribir correctamente nos permite expresar las ideas de una manera clara, sin confusiones y evitando los malos entendidos. Muchas palabras se pronuncian igual, pero se escriben de manera diferente, lo cual puede llevar a una gran confusión a la hora de leer un texto y entender su significado.

Al mismo tiempo, la ortografía no es un contenido aislado que se da en algún curso de primaria, sino que se enseña durante todas las etapas y nunca termina su aprendizaje.

Por ello, aplicaremos estas reglas durante los años escolares, pero seguiremos haciéndolo en la adultez, tanto en lo personal como en lo profesional.

¿Cómo podemos conocerlas?

Existen múltiples opciones para conocer las reglas ortográficas tanto en el colegio como en casa:

-A través de la lectura: sin darnos apenas cuenta, estaremos aprendiendo vocabulario nuevo, la acentuación de las palabras, la puntuación en un texto... y no hace falta que sea un tipo de lectura concreta, ya que será igual de enriquecedor una novela que un periódico.

- Buscando en el diccionario: qué mejor manera de conocer las reglas ortográficas que buscando en el libro que tiene todas las palabras ordenadas alfabéticamente con sus significados. Ante la duda de cómo se escribe una palabra, lo mejor es asegurarse con esta herramienta.

- Con la escritura: quizás suene obvio, pero cuánto más practiquemos la escritura de oraciones, párrafos y textos completos, mejor aprenderemos las reglas ortográficas. En este caso, es vital revisar las faltas que cometemos y apuntarlas para futuras ocasiones, así haremos hincapié en aquellas que todavía no dominamos. También es interesante realizar dictados para aprender a diferenciar las palabras homónimas y practicar los signos de puntuación.

- Utilizando la tecnología: una opción que puede motivar más al alumnado es el uso del ordenador. Podemos realizar trabajos o preparar presentaciones con un procesador de textos, entrar en páginas web con recursos interactivos y juegos...

- Mediante recursos educativos: preparar actividades y recursos atractivos y visuales es una de las mejores maneras para aprender ortografía, ya que lo harán de una manera manipulativa y, muchas veces, en grupo.

Como os comentaba anteriormente, en los próximos capítulos encontraréis ideas y materiales descargables que os facilitarán mucho el repaso con vuestros peques.

¡Vamos a ello!

CAPÍTULO 2
EL USO BÁSICO DE LAS MAYÚSCULAS

Seguro que en alguna ocasión habéis comprobado que el alumnado escribe todo con minúsculas, sin fijarse o sin diferenciar las palabras que deben empezar por mayúscula. Es un error muy común, pero en este capítulo os enseño la teoría básica y los recursos que yo utilizo para mejorar esta situación.

Para diferenciar las palabras que se escriben con mayúscula o minúscula, debemos conocer las siguientes reglas:

Se escriben con mayúscula:

- La primera palabra en un texto u oración.

- La palabra que va después de un punto.

- Los nombres propios y apellidos.

- Los nombres de movimientos culturales o épocas históricas.

- La primera palabra del título de un libro, película o cuadro.

- Las siglas.

- Nombres de instituciones.

¡Importante! Los nombres de los días de la semana y de los meses no se escriben con mayúscula.

En esta ficha encontraréis tres ejercicios que facilitarán la comprensión de las mayúsculas.

En el primero, tendrán que identificar solo las letras mayúsculas y colorearlas. Por lo general, les encanta pintar, así que aprovechemos ese interés para presentar un contenido.

En el segundo ejercicio, tendrán que ordenar las palabras para formar oraciones. Otra idea que funciona muy bien es escribir las palabras en grande, recortarlas y que puedan crear la oración de manera manipulativa juntando todos los papeles.

Finalmente, tendrán que leer las palabras y completar su inicial con mayúscula o minúscula, recordando lo aprendido.

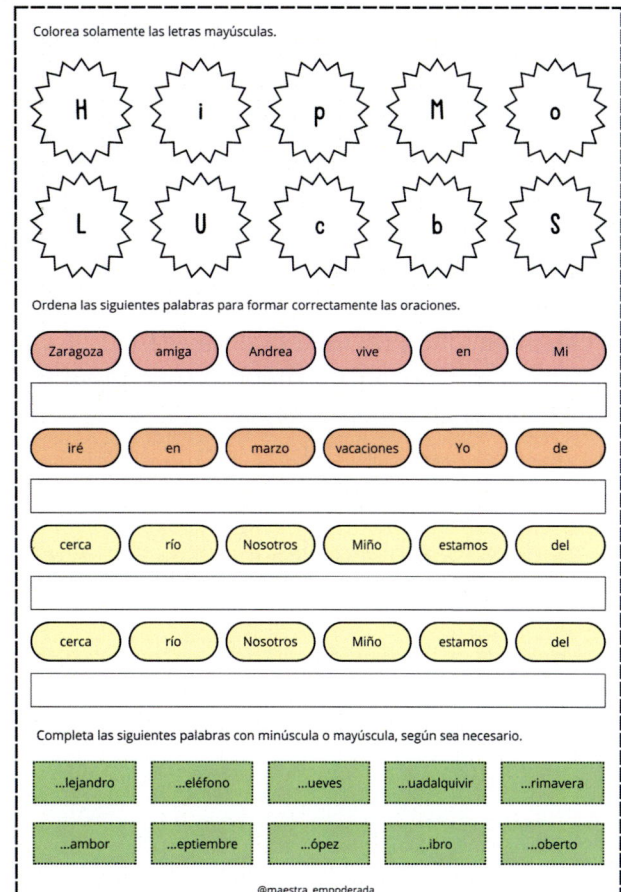

Os presento una nueva ficha con más actividades:

El alumnado deberá clasificar las palabras según se escriban con mayúscula o minúscula. Para ello, pueden escribirlas en la propia ficha o, si preferís, recortar las partes que componen el ejercicio, recortarlas, plastificarlas y añadirles velcro para que puedan hacer la clasificación. A mí me encanta esta idea, ya que, insisto, trabajar de manera manipulativa ayuda mucho en el aprendizaje.

Terminarán el repaso leyendo las oraciones de la ficha y escribiéndolas de manera correcta, es decir, cambiando las iniciales a mayúscula cuando sea necesario.

Ahora que hemos finalizado este capítulo, acompañadme a conocer las reglas ortográficas en las letras.

¡Seguidme!

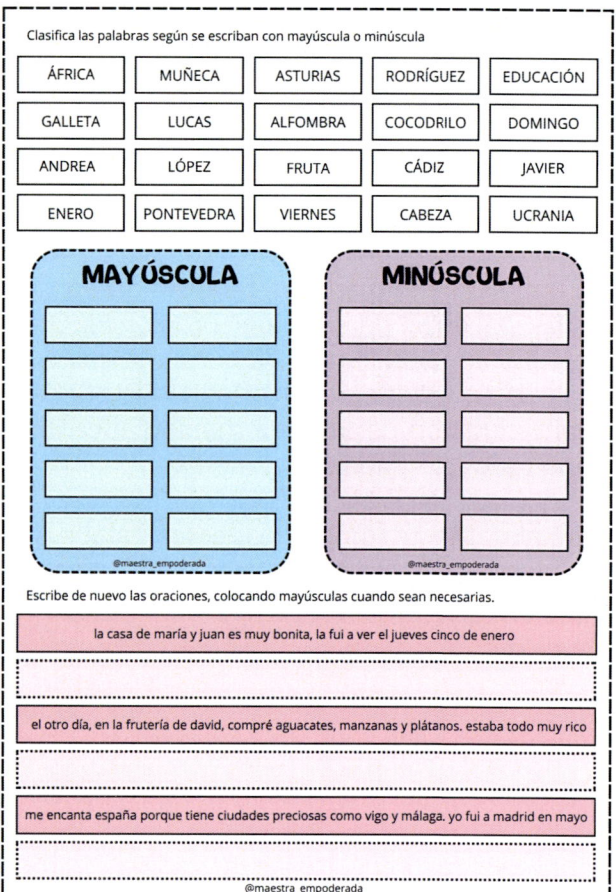

Clasifica las palabras según se escriban con mayúscula o minúscula

ÁFRICA	MUÑECA	ASTURIAS	RODRÍGUEZ	EDUCACIÓN
GALLETA	LUCAS	ALFOMBRA	COCODRILO	DOMINGO
ANDREA	LÓPEZ	FRUTA	CÁDIZ	JAVIER
ENERO	PONTEVEDRA	VIERNES	CABEZA	UCRANIA

MAYÚSCULA

MINÚSCULA

@maestra_empoderada

Escribe de nuevo las oraciones, colocando mayúsculas cuando sean necesarias.

la casa de maría y juan es muy bonita, la fui a ver el jueves cinco de enero

el otro día, en la frutería de david, compré aguacates, manzanas y plátanos. estaba todo muy rico

me encanta españa porque tiene ciudades preciosas como vigo y málaga. yo fui a madrid en mayo

@maestra_empoderada

16

CAPÍTULO 3
REGLAS ORTOGRÁFICAS DE LAS LETRAS

Como ya sabéis, no se puede empezar una casa por el tejado o lo que es lo mismo, no podemos aprender ortografía sin antes conocer el abecedario y la clasificación entre vocales y consonantes.

EL ABECEDARIO

El abecedario es la serie ordenada de las letras de un idioma y constituye la representación gráfica de sus fonemas. Está formado por cinco vocales y veintidós consonantes. Además, existen cinco dígrafos que están compuestos por dos letras y que también debemos conocer.

Mirad qué recurso tan bonito he creado para que vuestros peques conozcan bien el abecedario. Así, podrán relacionar cada letra con un dibujo y reconocer su escritura en mayúscula y minúscula.

ABECEDARIO

A a	B b	C c	D d
E e	F f	G g	H h
I i	J j	K k	L l
M m	N n	Ñ ñ	O o
P p	Q q	R r	S s
T t	U u	V v	W w
X x	Y y	Z z	@maestra_empoderada

19

No podemos olvidarnos de los dígrafos, así que os los enseño también en la siguiente imagen:

DÍGRAFOS

| CH ch | LL ll | RR rr | QU qu | GU gu |

LAS VOCALES

Las vocales se clasifican de la siguiente manera:

- Vocales débiles o cerradas: I, U
- Vocales fuertes o abiertas: A, E, O

Para que sea un poquito más visual, os dejo la clasificación que he hecho:

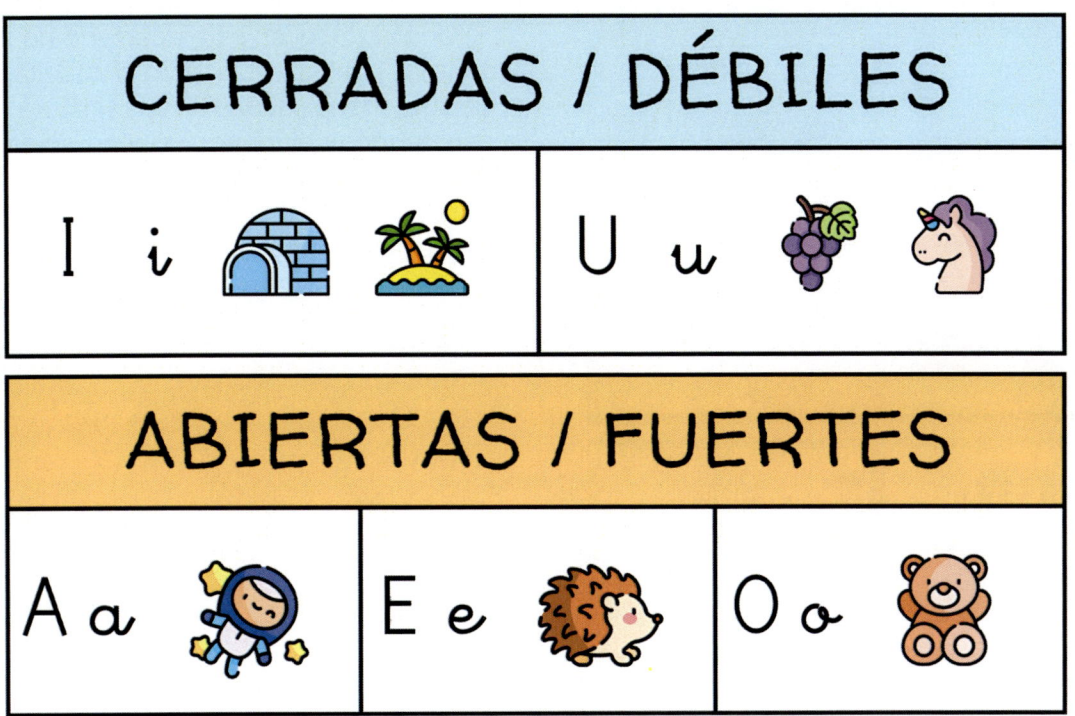

Y ahora sí, queridas familias y docentes, vamos a por un apartado clave en este libro. ¡Coged aire y a por él!

LAS CONSONANTES

Antes de empezar me gustaría haceros una recomendación: la ortografía ideovisual.

Seguro que habéis visto alguna vez dibujos como los siguientes:

Son una maravilla, muy visuales y de gran ayuda para que los peques aprendan ortografía. Si buscáis información, estoy segura de que os encantará y os será muy útil.

Por otro lado, en este apartado no veremos todas las consonantes, pero sí aquellas con las que surgen más dudas en su escritura. En cada caso, tendréis al menos un recurso específico de las letras que vamos dando. Sin embargo, al finalizar el capítulo tendréis disponibles muchos más ejercicios en formato ficha.

Autores: Manuel Sanjuán Nájera y Marta Sanjuán Álvarez.

Letras b y v

¿Cuántas veces tenéis que pensar si una palabra se escribe con B o con V?

Nos pasa a los adultos y, por supuesto, a nuestros peques. Un error de lo más habitual que podemos mejorar conociendo sus reglas y practicando con los recursos que os voy a mostrar.

Ambas letras se pronuncian como un fonema labial sonoro, lo que ocasiona numerosas dudas en la escritura, especialmente con aquellas palabras que son homófonas (se pronuncian igual, pero se escriben diferente para distinguir sus significados).

A continuación, tenéis las reglas más importantes para escribir correctamente ambas letras y ejemplos en cada caso para entenderlo mejor.

Usos de la letra b

- Se escribe B antes de L y R. Por ejemplo: blanco, brazo.

- Las palabras que contienen el prefijo BI-, BIS-, BIZ. Por ejemplo: bicicleta, bisnieto, bizcocho.

- Las palabras que contienen el elemento BIO. Por ejemplo: biología, microbio.

- Las palabras que contienen el sufijo -BLE o -BILIDAD. Por ejemplo: amable, variable, posibilidad, habilidad.

- Palabras que acaban en -BUNDO. Por ejemplo: vagabundo.

- Cuando precede a otra consonante o va al final de la palabra. Por ejemplo: abdicar, obvio, Zagreb, Club. (OVNI es una excepción, ya que está formada por siglas).

- Las palabras que contienen el prefijo BIEN- o BENE-. Por ejemplo: bienestar, benefactor.

- Los verbos que terminan en -BIR y -BUIR. Por ejemplo: escribir, contribuir. (En este caso, hay excepciones como son: vivir, hervir y servir, que se escriben con la letra V).

- La terminación del imperfecto del indicativo de la primera conjugación y el imperfecto de indicativo del verbo ir. Por ejemplo: cantaba, amaba, iba, íbamos.

- Los verbos deber, beber, saber, haber y caber.

Usos de la letra v

- Palabras que tienen como primera sílaba AD-, SUB y -OB y la siguiente letra es la V. Por ejemplo: adviento, subvención, obvio.

- Palabras que empiezan por EVA-, EVE-, EVI-, EVO-. Por ejemplo: evasión, evento, evitar, evocar. (Ébano es una excepción).

- Palabras que terminan en -VORO. Por ejemplo: carnívoro, herbívoro.

- Palabras con el prefijo VICE- o VIZ- (que quiere decir "en lugar de"). Por ejemplo: vicepresidente, vizconde.

- Los adjetivos terminados en -AVE, -AVO, -AVA, -EVO, -EVA, -IVO, -IVA. Por ejemplo: suave, bravo, octava, longevo, nueva, activo, afirmativa.

- El presente de indicativo, el imperativo y el presente de subjuntivo del verbo ir. Por ejemplo: voy, vete, vayas.

- El pretérito perfecto simple de indicativo y el imperfecto de subjuntivo de los verbos estar, andar, tener. Por ejemplo: estuvo, anduve, tuviste.

- Los verbos terminados en -LVER. Por ejemplo: resolver, volver.

Ahora que hemos visto todas las normas, ¡vamos con la parte más divertida!

Algo que siempre funciona genial es la clasificación, pero debemos elegir temas que les gusten. En este caso, la actividad estará relacionada con El espacio.

El alumnado tendrá que clasificar las lunas en cada nave espacial, según comiencen por B o V. ¿Conseguirán vuestros astronautas hacerlo bien? Estoy segura de que sí.

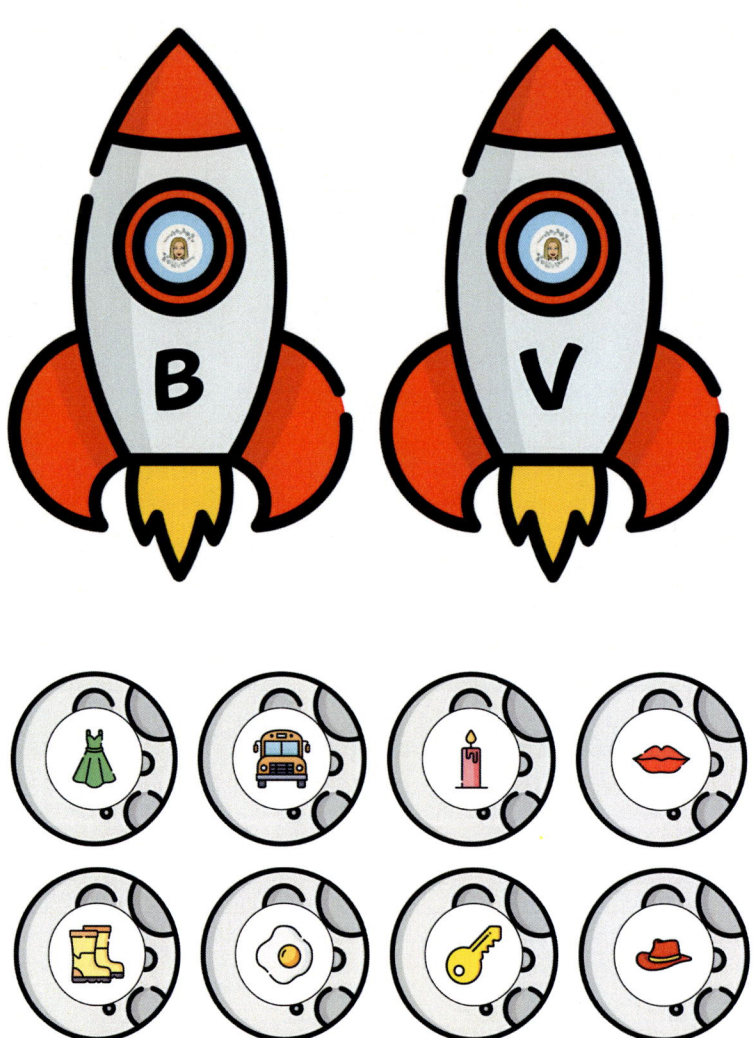

Letras g, j

Vamos a por las siguientes letras que tanta confusión nos crean. ¡Ánimo con ellas!

Por un lado, la articulación de la letra G hace posibles dos sonidos:

- Sonido suave: ocurre cuando va delante de las vocales A, O, U y delante de otra consonante. Por ejemplo: gato, goma, gusano, globo.

- Sonido fuerte: ocurre cuando se junta con las vocales E, I y suele ser motivo de confusión con la letra J porque se pronuncian igual. Por ejemplo: gente, gigante.

- Por otro lado, escribiremos la letra J en los siguientes casos:

- Delante de A, O, U y derivados. Por ejemplo: caja, cojera, juguete.

- Palabras que terminan en los sufijos -AJE, -EJE y -JERÍA. Por ejemplo: pasaje, personaje, cerrajería.

- Las formas de los verbos que terminan en -JAR, -JER, -JIR, -JEAR. Por ejemplo: trabajar (trabajaste), tejer (tejimos), crujir (crujió), homenajear (homenajeabas).

- El pretérito perfecto simple de indicativo y el pretérito imperfecto de subjuntivo de los verbos traer y decir. También ocurre con los verbos terminados en -DUCIR. Por ejemplo: trajo, dijeron, conduje.

Los pasatiempos son otro recurso maravilloso porque les entretienen un montón. ¡Mirad qué crucigrama tan bonito he preparado!

El alumnado tendrá que pensar el nombre de cada dibujo y escribirlo en los huecos que hay. Están numerados para facilitarles la tarea, pero cuidado con las G y las J, que no se lo pondrán tan fácil.

CRUCIGRAMA
PALABRAS CON G Y J

@maestra_empoderada

Letra h

Esta letra se caracteriza por no representar ningún sonido, es decir, se conoce como "letra muda" y por ello muchas veces resulta complicado diferenciar si una palabra lleva H o no.

A continuación, os enseño los casos en los que debemos escribir con H:

- Palabras que empiezan por los diptongos IA, IE, UE y UI. Por ejemplo: hiato, hierba, huele, huir.

- Se escriben con H intercalada las palabras que llevan el diptongo UE precedido de vocal. Por ejemplo: cacahuete.

- Palabras que tienen los siguientes prefijos: -HECTO, -HELIO, -HEMA, -HEMI, -HEPTA, -HETERO, -HIDRA, -HIDRO, -HOLO, -HIPER, -HIPO, -HOMO. Por ejemplo: hectómetro, heliograma, hematoma, hemisferio, heptágono, heterogéneo, hidráulico, holograma, hipertensión, homogéneo.

- Los verbos hacer, haber, hallar, hablar y habitar.

- Las palabras que empiezan por HISTO-, HOSP-, HUM-, HORM-, HERM-, HERN-, HOLG-, HOG-. Por ejemplo: historia, hospedaje, humo, hormiga, hermano, hernia, holgazán, hogar.

- Las palabras compuestas y derivadas de otras que contengan la letra H. Por ejemplo: cohabitar, deshonra, rehacer, gentilhombre.

¿Os ha parecido fácil o difícil? Seguro que lo habéis entendido genial, pero os dejo un recurso muy chulo de repaso.

He diseñado 16 tarjetas con dibujos y su respectivo nombre para que el alumnado elija si lleva H o no. Podéis plastificarlas para que, con un rotulador borrable, marquen la opción que consideran correcta. Otra opción es escoger la respuesta con una pinza pequeña.

_ALGODÓN	CON H / SIN H
_ELADO	CON H / SIN H
_ADA	CON H / SIN H
_INVIERNO	CON H / SIN H
_ORA	CON H / SIN H
_UERTO	CON H / SIN H
_ENFADO	CON H / SIN H
_OGUERA	CON H / SIN H

Imagen	CON H	SIN H
_IPOPÓTAMO	CON H	SIN H
_ALMENDRA	CON H	SIN H
_ENFERMO	CON H	SIN H
_ELICÓPTERO	CON H	SIN H
_EMBARAZO	CON H	SIN H
_ORNITORRINCO	CON H	SIN H
_ALAS	CON H	SIN H
_OJAS	CON H	SIN H

Dígrafo ch

A diferencia de las letras que ya hemos visto, el dígrafo CH no suele ser motivo de confusión, pero será fundamental trabajarlo y, especialmente, su pronunciación.

Puede aparecer al principio o mitad de una palabra, formando sílaba con una vocal. Por ejemplo: charca, coche, chiste, chocolate, chuchería.

¿Sabéis qué me encanta de los niños? Su imaginación y creatividad. Con muy poquito, consiguen sorprendernos y es por eso que el recurso que he creado para repasar el dígrafo CH está relacionado con esas destrezas.

Los peques tendrán que inventar una historia con los dibujos que aparecen en la ficha. Como muchos de los materiales que os comparto, pueden hacerla de manera individual o grupal, intercambiando ideas y fomentando la socialización. Incluso podríamos trabajar la expresión oral y, una vez escrita, leerla en voz alta al resto de compañeros.

CREA UNA HISTORIA UTILIZANDO LAS SIGUIENTES PALABRAS CON "CH"

....

....

....

....

....

....

....

....

....

....

....

Letra Y, dígrafo ll

Seguimos nuestro recorrido por la ortografía, diferenciado la Y y el dígrafo LL.

Por un lado, con la letra Y podemos diferenciar dos fonemas distintos:

- Fonema vocálico: se pronuncia igual que la representación con la letra I, por ejemplo: muy, rey, hoy.

- Fonema consonántico: algunos ejemplos son: yema, yeso.

- Por otro lado, el dígrafo LL tiene una pronunciación yeísta, es decir, al decirlo suena como una Y porque, además, se articulan de la misma manera. De hecho, palabras como "haya" y "halla" se confunden fácilmente.

- Veamos qué palabras se escriben con LL:

- Las palabras terminadas en el sufijo -ILLO, -ILLA. Por ejemplo: chiquillo, mesilla.

- La mayor parte de los verbos terminados en -ILLAR, -ULLAR, -ULLIR. Por ejemplo: humillar, aullar, escabullir.

¡Estoy segura de que el siguiente recurso ayudará mucho a vuestro alumnado!

¿Habéis trabajado alguna vez con una ruleta? Sin duda es un elemento motivador que os será de gran ayuda en más de una ocasión. Os comparto 24 fichas redondas con dibujos dentro. Cada una deberá pegarse a la ruleta y, una vez decorada, podemos iniciar nuestro dictado de repaso.

FICHAS PARA LA RULETA

Como podéis ver en la segunda imagen, cada alumno tendrá una ficha con tres tablas que servirán de plantillas para el dictado. La manera de llevar a cabo esta actividad es muy sencilla. El docente tirará de la ruleta y dirá en voz alta el nombre del dibujo para que cada peque escriba la palabra de manera ordenada en la tabla.

Al finalizar, pueden intercambiarse las plantillas entre ellos para corregir de una manera distinta. ¿Divertido, verdad? ¡Estarán deseando jugar!

PLANTILLAS PARA DICTADOS

DICTADO 1

DICTADO 2

DICTADO 3

@maestra_empoderada

Letras c, z

Ya hemos visto la mitad de este capítulo y espero que os esté ayudando, pero todavía falta mucho por descubrir. ¡Sigamos!

A continuación, explicaremos las dos articulaciones principales de la letra C:

- Fuerte: ocurre cuando se sitúa delante de las vocales A, O, U. También al final de sílaba o palabra y, por último, cuando se junta CL- o CR-. Por ejemplo: casa, corona, curva, octavo, cómic, clavo, cristal.

- Suave: se sitúa delante de las vocales E, I. Por ejemplo: cemento, cielo, fácil, hacer. Existen excepciones como: zeta, zigzag...

- También debemos destacar la escritura de -CC y -CT en algunas palabras y sus derivados. Por ejemplo: acción, actuar, lección, lector.

- Por otro lado, vamos a ver en qué situaciones escribimos con la letra Z:

- Cuando va delante de A, U, al principio, mitad o final de la palabra o sílaba. Por ejemplo: zapato, zueco, azteca, avestruz.

- Los verbos en los que su infinitivo termina en -HACER, -ECER, -OCER y -UCIR, se cambian a -Z- en la primera persona del presente de indicativo y en todo el presente de subjuntivo. Por ejemplo: conducir, conduzca, convencer, convenzo.

- Se usa en algunas palabras de origen extranjero. Por ejemplo: zepelín, zen.

Os propongo un juego que todos conocéis para repasar la C y la Z, aunque la plantilla os puede servir para trabajar cualquier contenido.

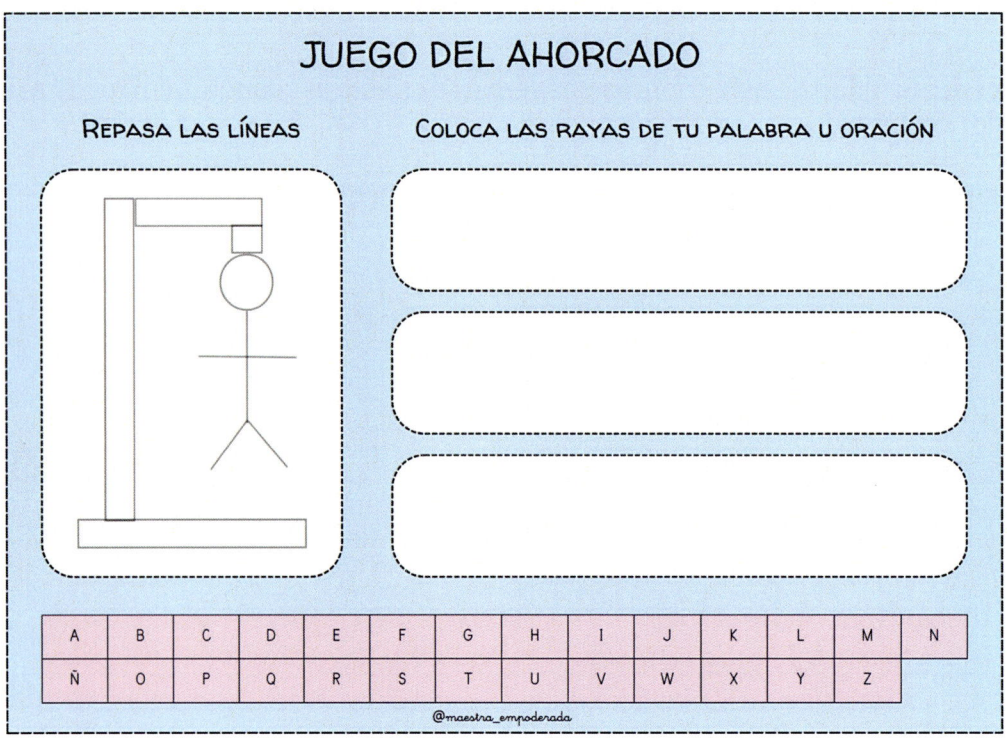

¡Efectivamente, se trata del ahorcado! Imaginad que agrupáis a vuestros peques por tríos para que sea más divertido. Cada grupo tendrá una plantilla y tendréis que decirles que piensen una palabra u oración, pero la norma será que lleven C, Z o ambas. Uno de los peques colocará las rayas que sean necesarias, mientras que los demás tendrán que ir diciendo letras que, a su vez, se irán tachando para faci- litar la tarea. La finalidad es simple: intentar adivinar el mensaje antes de que el dibujo del ahorcado se complete. ¿Lo conseguirán?

Mi recomendación es plastificar la plantilla para que utilicen un rotulador borrable y así reutilizar este recurso las veces que queráis.

Letras m, n

Por norma general, el alumnado suele tener menos dudas cuando se trata de la M y la N, pero hay situaciones que les pueden confundir. ¡Vamos a conocerlas!

En primer lugar, vamos a conocer los casos en los que debemos escribir con la letra M:

- Al comienzo de la palabra o sílaba. Por ejemplo: madre, tema.

- Al final de algunas palabras. Por ejemplo: ídem, currículum.

- Delante de -B y -P. Por ejemplo: embarazo, empanada.

- En segundo lugar, debemos escribir con la letra N en las siguientes situaciones:

- En cualquier posición de las palabras. Por ejemplo: nube, canela, emoción.

- Delante de -V. Por ejemplo: invento, envase.

- Detrás de los prefijos CON-, EN-, IN- se duplica la letra N. Por ejemplo: connotación, ennoblecer, innovar.

He pensado que, en este caso, podemos utilizar un recurso que nos ayude a trabajar la ortografía de una manera diferente: a través del deletreo. Y es que la escritura es funda-mental, pero pensar las letras que componen una palabra y decirlas en voz alta, también nos ayudará en el proceso.

DELETREA	DELETREA
ENVIDIA	INFLAR

DELETREA	DELETREA
OMBLIGO	CAMPANA

DELETREA	DELETREA
COLUMNA	ENFERMEDAD

DELETREA	DELETREA
GIMNASIA	HAMBRIENTO

DELETREA	DELETREA
AMNESIA	INMINENTE

DELETREA	DELETREA
OMNÍVORO	CAMBIO

DELETREA	DELETREA
ENVASE	TAMBOR

DELETREA	DELETREA
BOMBA	VENDER

DELETREA	DELETREA
DIENTE	VENTILADOR

DELETREA	DELETREA
VAMPIRO	BOMBILLA

DELETREA	DELETREA
CANDADO	IMPRESORA

DELETREA	DELETREA
ALUMNO	CAMPO

Al igual que otros recursos, podemos jugar de varias maneras. El docente puede sacar al azar una tarjeta, decir la palabra y un peque deletrearla.

No obstante, la versión que yo propondría es la siguiente: poner al alumnado por parejas y, por turnos, se irán preguntando cada tarjeta. ¿Qué os parece? ¡Os animo a probarlo en clase!

Letras q, k

¡Vamos a por una nueva explicación! Agárrate, que vienen curvas.

A pesar de que las letras Q y K se pueden confundir en algún momento con la letra C, ya hemos explicado esta última en apartados anteriores, por lo que nos centraremos en las restantes.

Por un lado, la letra Q siempre va asociada a la vocal U, formando el dígrafo QU- donde la U no se pronuncia.

- Este dígrafo se escribe delante de las vocales E, I y tiene el mismo sonido que la letra C delante de la A, O, U. Por ejemplo: queso, quitar, raqueta, máquina.

- Los verbos acabados en -CAR cambian a -QUE en la primera persona del pretérito indefinido de indicativo y en todo el presente de subjuntivo. Por ejemplo: aparcar, aparqué, publicar, publiques.

Por otro lado, las situaciones en las que se escribe la letra K son:

- En extranjerismos en los que se ha procurado mantener la ortografía de origen. Por ejemplo: kebab, kilo, kiwi.

- La RAE admite, en algunos casos, la escritura de palabras tanto con QU o C como con K. Por ejemplo: quiosco, kiosco, bikini, biquini, folklore, folclore.

¿Queréis conocer un nuevo recurso? ¡No se diga más!

A los peques les encanta adivinar, por eso he pensado que jugar al "quién es quién" puede ser una buena opción para repasar palabras con QU y K.

Cada alumno tendrá una diadema o algo similar para colocar la tarjeta que le ha tocado al azar. Por parejas, tendrán que intentar adivinar qué palabra hay en su frente a través de diferentes preguntas que tendrán como res-

puesta "sí" o "no". ¿La mejor pista? Todas las tarjetas tienen escritas palabras que empiezan o contienen QU o K.

Ya es hora de que el aprendizaje sea divertido, ¿no?

Letras s, x

Ya falta muy poquito para terminar este capítulo. ¡Cuánto antes empecéis a leerlo, antes conoceréis el súper recurso que os tengo preparado!

Por norma general, la letra S no presenta ninguna particularidad en su escritura y puede aparecer en cualquier lugar de la palabra. Sin embargo, en algún caso puede tener una pronunciación muy similar a la letra X, dando lugar a confusión.

Por ello, vamos a conocer las situaciones en las que debemos escribir con la letra X:

- Palabras que empiezan por XENO-, XILO-, XERO-. Por ejemplo: xenofobia, xilografía, xerografiado.

- El prefijo EX- (que significa fuera, más allá o privación). Por ejemplo: excavar, exorbitado, exportar.

- El prefijo EXTRA- (que significa fuera o sumamente). Por ejemplo: extraordinario, extraterrestre.

- La preposición de origen latino EX- (que significa negación). Por ejemplo: exnovio, expresidente.

- Palabras que empiezan por EXPL- y EXPR-. Por ejemplo: explicar, exprimir.

Como maestra, me hace especial ilusión versionar juegos tradicionales para que los más pequeños sepan sus normas y se diviertan como lo hacemos los adultos.

¡Os presento el bingo de la S y X! Ideal para reforzar el contenido y pasar un buen rato en clase o en casa.

FICHAS PARA EL BINGO

CARTONES DE BINGO

BINGO 1	
XILÓFONO	ESCALAR
ESTUDIANTE	SOMBRILLA
EXTINTOR	HEXÁGONO

BINGO 2	
SELVA	TÓXICO
SECADOR	EXPRIMIDOR
EXPLOSIÓN	SUSHI

BINGO 3	
SAXOFÓN	ESCARABAJO
SANDÍA	TAXI
SASTRE	SIERRA

BINGO 4	
EXAMEN	EXCAVADORA
BOXEO	EXPERIMENTO
ESPÍA	SEMÁFORO

Por un lado, tenéis veinticuatro fichas con dibujos que podéis colocar en la ruleta y tirar varias veces para decir su nombre en voz alta o, simplemente, ir sacándolas de manera aleatoria de una bolsita o caja.

Por otro lado, he creado doce cartones con diferentes combinaciones para repartir al alumnado. Cada uno tendrá un cartón con seis palabras que contienen S, X o ambas. La partida termina cuando un peque tacha todas las palabras de su cartón y canta ¡bingo!

¡Espero que os encante y mucha suerte!

Letra r y dígrafo rr

Hemos llegado a la última explicación del capítulo, pero no por ello es menos importante. ¿Queréis seguir descubriendo recursos manipulativos? Prestad atención.

La letra R puede tener un sonido suave o un sonido fuerte. En el último caso, es donde surgen más dudas para diferenciarla del dígrafo RR.

A continuación, veremos los casos en los que la R tiene un sonido suave:

- En posición intervocálica, es decir, en medio de dos vocales. Por ejemplo: aro, erosión.

- En palabras que contengan BR, CR, DR, FR, GR, PR y TR. Por ejemplo: brazo, cruzar, drama, fresa, grupo, presión, trabajo.

- Al final de una sílaba y al final de una palabra. Por ejemplo: verde, querer.

Las situaciones en las que la R tiene un sonido fuerte son:

- Al principio de una palabra. Por ejemplo: ratón, roble.

- Al ir detrás de una consonante con la que no forme sílaba. Por ejemplo: alrededor, enroscar, Israel.

Finalmente, el dígrafo RR siempre tiene sonido fuerte y se utiliza de dos maneras:

- Al ocupar una posición entre vocales. Por ejemplo: arroz, perro.

- Al añadir un prefijo terminado en vocal a las palabras que empiezan por R. Por ejemplo: virrey, prerrománico.

Os comparto otro "clásico" que funciona genial con los peques y con el que trabajamos la destreza visual, la memoria y la concentración, entre otros.

El memory es un juego que consiste en realizar parejas con las tarjetas que se encuentran boca abajo. Podemos agrupar al alumnado por parejas, tríos... y así jugar por turnos. Cada niño probará suerte al levantar dos tarjetas. Si coinciden, se las guardan, pero si no coinciden tendrán que dejarlas en el mismo sitio. Gana quien haya conseguido más tarjetas en cada partida.

¿Os parece fácil? ¡Probadlo y me contáis!

Recursos para repasar todo lo aprendido

Ahora que hemos visto las reglas ortográficas de las consonantes y conocido recursos específicos para cada una, es el momento de repasar todo lo aprendido.

Para ello, por supuesto, os enseñaré nuevos recursos que os encantarán. Vamos a conocerlos mejor:

En primer lugar, las ruedas ortográficas. Este recurso es maravilloso para hacer un repaso general de todas las consonantes y dígrafos, ya que se trata de una clasificación de dibujos según su escritura.

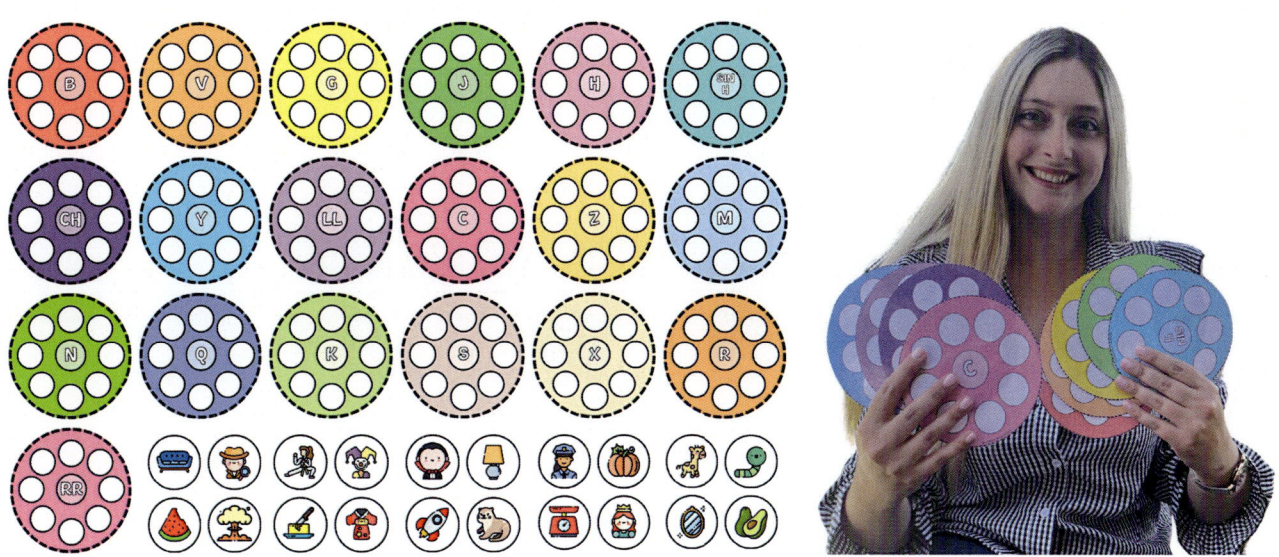

Como se puede apreciar, podréis descargar diecinueve ruedas con más de 150 dibujos para clasificar en ellas.

Por otro lado, tendréis una ficha con tres ejercicios. El primero consiste en completar los huecos de las palabras con las letras que se indican en el enunciado. En el segundo, el alumnado tendrá que escribir el nombre de cada dibujo y, en el tercero, completar las oraciones con las palabras que aparecen en cada caso.

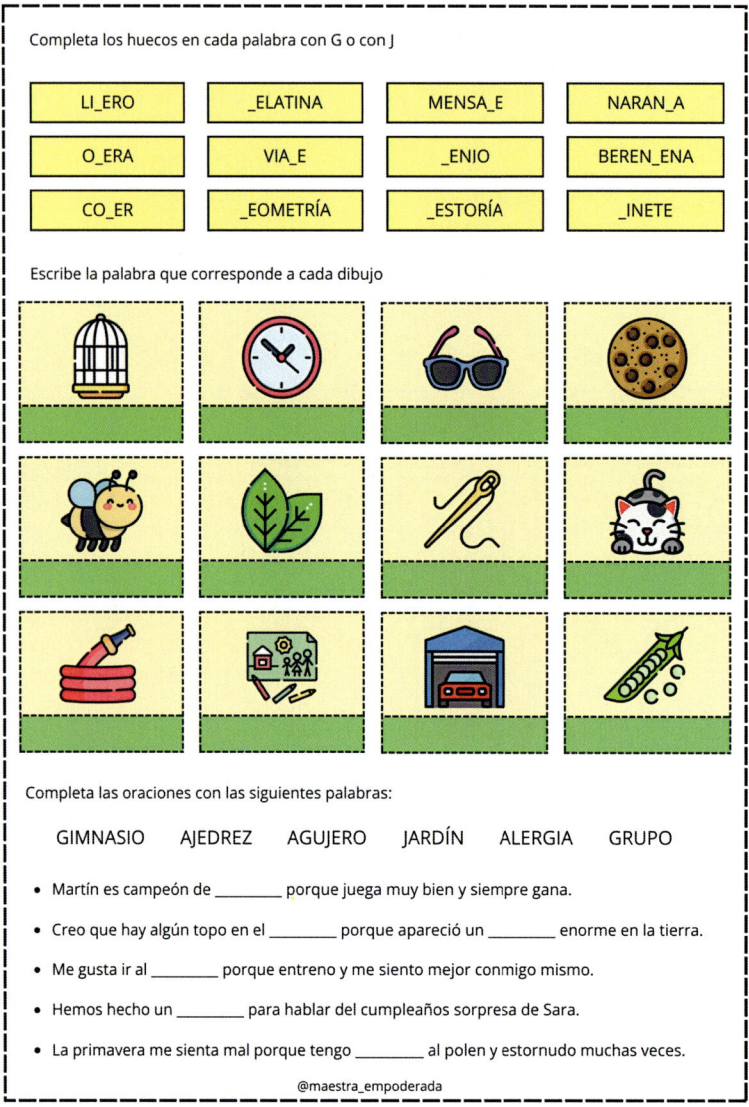

Finalmente, os dejo una nueva ficha con dos actividades más. En este caso, os encontraréis con una sopa de letras para que vuestros peques busquen ocho palabras ocultas. Todas ellas estarán en horizontal o vertical y contendrán la consonante o dígrafo que estén repasando en ese momento. El último ejercicio consiste en rellenar los huecos de las palabras de cada oración.

Busca las 8 palabras escondidas en la sopa de letras y escríbelas en cada rectángulo.

P	A	R	A	G	U	A	S	A	M	F	M
A	D	C	O	G	F	E	J	H	Ñ	N	
G	C	R	R	B	I	M	A	G	E	N	O
U	A	X	E	J	L	J	G	C	I	A	J
I	L	T	J	R	R	F	L	Y	M	G	I
O	M	T	A	Ñ	J	U	S	X	Y	U	O
N	P	E	L	I	G	R	O	F	Z	A	J
D	L	G	L	J	B	T	M	J	O	Y	A
J	P	V	R	A	H	A	E	Y	A	Z	V

Rellena cada hueco con la letra correspondiente.

- Pon las flores en un __arrón con agua antes de que se marchiten.
- Mañana me voy de via__e con dos amigas que conocí en __apón.
- Ten__o una analítica esta mañana y me asusta mucho la a__uja.
- Estamos or__anizando las foto__rafías para hacer un álbum muy __racioso.
- __rabé a Elsa mientras cantaba porque lo hace __enial.
- Rafa ha preparado beren__enas con me__illones y __udías.
- Co__e los __uantes para no con__elarte los dedos. Hace mucho frío en el gara__e.

Cabe destacar que, tanto las ruedas como las fichas, las tendréis repetidas para cada apartado de este capítulo.

¡Os aseguro que, con todo lo anterior, dispondréis de materiales muy variados y completos para afianzar la ortografía en vuestro alumnado!

Pero… ¿pensabais que ya había terminado? Atentos a lo que os voy a enseñar ahora.

Se trata de uno de mis materiales favoritos para trabajar la ortografía: "el hospital ortográfico".

He diseñado esta dinámica para seguir un proceso de aprendizaje, es decir, es una propuesta con tres fases diferentes que os explico a continuación:

LA AMBULANCIA: el docente realizará un dictado de palabras según la regla ortográfica que quiera trabajar: G/J, B/V... y el alumnado las escribirá en una hoja o en el propio cuaderno. Al finalizar, las corregirán entre todos y, aquellas palabras mal escritas, se apuntarán en los huecos de la ambulancia. La idea es que el alumnado entienda que haberlas escrito con una falta de ortografía "ha dañado" a esas palabras y necesitan curarse.

EL HOSPITAL: el docente, otro día de esa semana o cuando prefiera, repetirá el dictado incluyendo las palabras mal escritas de la primera vez. A la hora de corregir, si todavía no han conseguido escribirlas correctamente, las pasaremos a los huecos del hospital. De esta forma, sabrán que esas palabras "están más graves" que antes.

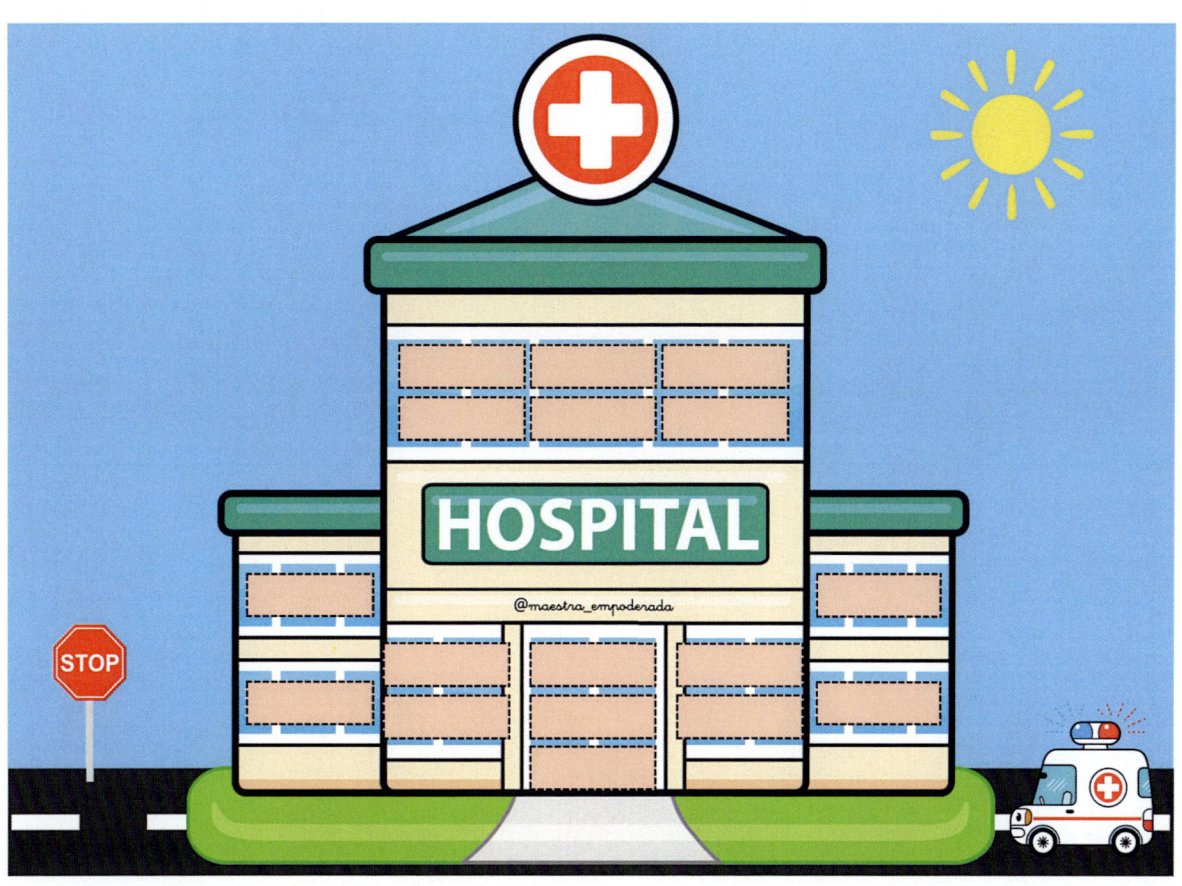

EL CEMENTERIO: de nuevo, repetiremos el proceso igual que las veces anteriores, con el dictado y la corrección. La diferencia es que, aquellas palabras que no han logrado aprender, tendrán que ir al cementerio, como etapa final de esta actividad. El alumnado interpretará que las palabras no han podido sobrevivir tras varios intentos y es entonces cuando podemos hacer hincapié en ellas con más recursos.

¿Qué os parece? Espero que os guste mucho porque yo he trabajado varias veces con esta dinámica y les ha encantado.

¡Continuamos nuestro viaje hacia el capítulo cuatro!

CAPÍTULO 4
REGLAS ORTOGRÁFICAS DE LA ACENTUACIÓN

¡Vamos allá! Nuevo capítulo, nuevos recursos. He de decir que me apasiona hablar de acentuación y que desde muy pequeña he procurado escribir correctamente, sobre todo, las tildes. Quizás por eso me haga especial ilusión este libro.

Sin duda, la acentuación es uno de los mayores retos a los que se enfrentan los niños, y es que puede haber una diferencia enorme entre el significado de una palabra con tilde y la misma sin ella. Por ejemplo: práctica / practica.

En este capítulo, conoceremos las normas de acentuación, los diptongos, triptongos e hiatos, la acentuación en las palabras monosílabas y la tilde diacrítica.

Antes de nada, debemos diferenciar entre los tipos de sílabas que hay para poder entender, posteriormente, las normas de acentuación:

- Sílaba tónica: es aquella que se pronuncia con más fuerza en una palabra. Debemos destacar que es la única que puede llevar tilde y nunca puede haber más de una sílaba tónica. Por ejemplo: CAR-TÓN.

- Sílaba átona: es la que suena más suave y puede haber varias en una misma palabra. Es decir, es la sílaba contraria a la tónica, aunque se necesitan entre ellas. Por ejemplo: CAR-TÓN.

Por otro lado, repasamos brevemente la clasificación de las palabras según el número de sus sílabas:

- Monosílabas: son las palabras formadas por una sola sílaba. Por ejemplo: sol, pan, fin.

- Bisílabas: están formadas por dos sílabas. Por ejemplo: sopa, pato, mano.

- Trisílabas: son las palabras que contienen tres sílabas. Por ejemplo: cocina, amiga, naranja.

- Polisílabas: están formadas por más de tres sílabas. Por ejemplo: panadería, astronauta, agujero.

Os enseño el recurso con el que he trabajado tantas veces la separación de sílabas y su clasificación:

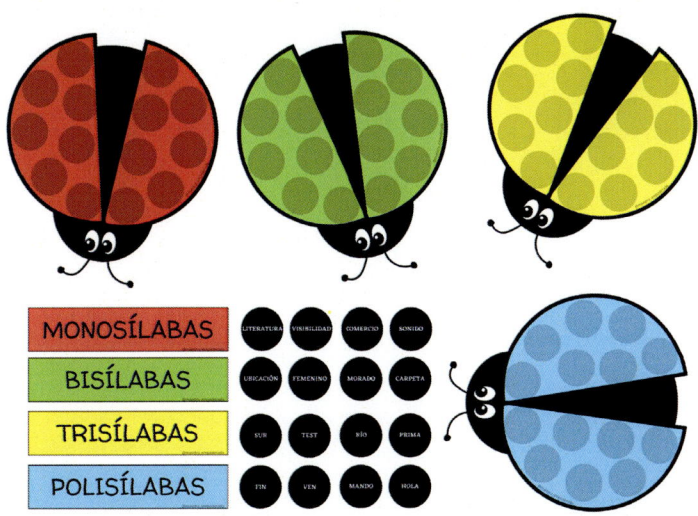

Para este recurso os propongo una idea diferente. ¿Qué os parece si pegamos en una pared o pizarra las mariquitas con sus letreros y hacemos unas carreras de relevos? Es así como pasaríamos de una actividad manipulativa, a una actividad que integra la actividad física, la diversión y la motivación que tanta falta les hace para salir de la rutina.

De esta forma, agruparíamos al alumnado en tres o cuatro filas. El primero de cada fila, coge al azar un papelito con la palabra que tendrá que clasificar, saldrá corriendo (o desplazándose de las diferentes maneras que os apetezca) y la colocará en la mariquita correspondiente. Volverá a su fila, le dará el relevo el siguiente compañero y así sucesivamente, hasta completar todas las mariquitas.

Divertido, ¿verdad? Imaginad sus caritas al proponerles esta actividad tan chula.

Después de estas aclaraciones, ya estamos listos para poder comenzar con el primer apartado: las normas de acentuación.

Las normas de acentuación

Según la posición que ocupe la sílaba tónica en una palabra, podemos diferenciar cuatro categorías:

Agudas: la sílaba tónica ocupa el último lugar de la palabra. Por ejemplo: botón, perfil, comer.

Llanas: aquellas palabras donde la sílaba tónica es la penúltima sílaba. Por ejemplo: boca, rojo, lápiz.

Esdrújulas: la sílaba tónica ocupa el antepenúltimo lugar de la palabra. Por ejemplo: teléfono, lámpara, eléctrico.

Sobresdrújulas: palabras donde la sílaba tónica es la anterior a la antepenúltima sílaba. Suelen ser palabras compuestas y verbos. Por ejemplo: rápidamente, entrégaselo, cómetelo.

A continuación, veremos cuándo deben llevar tilde las palabras según la anterior clasificación:

AGUDAS: cuando las palabras terminen en vocal, en -N o -S. Por ejemplo: café, dormilón, bebés. Sin embargo, si termina en -S, pero va precedida de otra consonante, no llevará tilde. Por ejemplo: robots, complots.

LLANAS: las palabras que tengan una terminación diferente a vocal, -N o -S, es decir, lo contrario a las agudas. Por ejemplo: álbum, chándal, césped. No obstante, si terminan en -S, pero va precedida de otra consonante, sí que llevará tilde. Por ejemplo: cómics, bíceps.

ESDRÚJULAS Y SOBRESDRÚJULAS: siempre llevan tilde en la sílaba tónica. Por ejemplo: cítrico, cántame, ábreselo, construýeselo.

¡Atención! Llegados a este punto del libro, creo que ya sabéis que me gusta sorprender. Es por ello que, además de compartiros materiales para repasar de manera práctica, he querido hacer un llavero con la teoría de las normas generales de acentuación.

Cada peque tendrá su llavero con toda la información y podrá acudir a él cuando tenga dudas, especialmente al comenzar este contenido.

También os comparto dos modelos de tarjetas de refuerzo más visuales. Las primeras son parecidas al llavero y las segundas no tienen ejemplos ni teoría, solamente los círculos con la sílaba tónica coloreada.

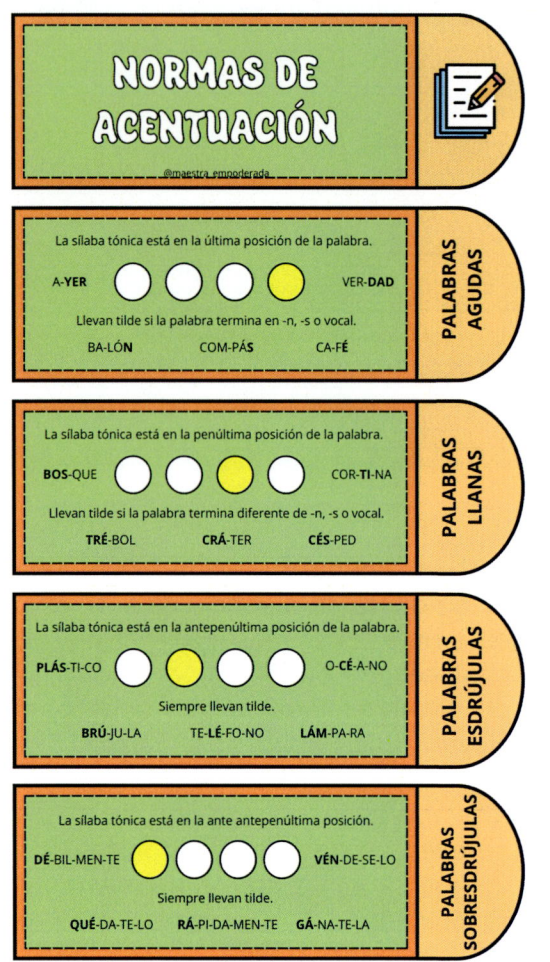

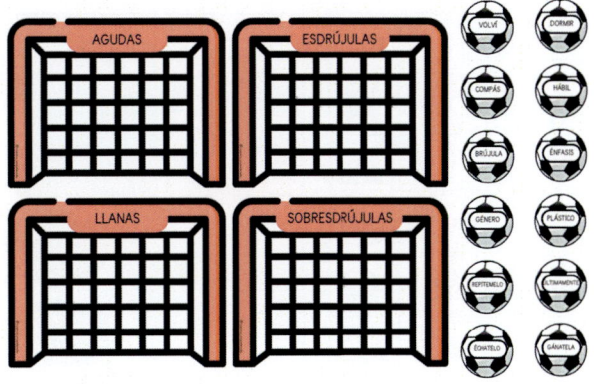

Lo ideal sería utilizar el llavero o las primeras tarjetas y, una vez dominen mejor la acentuación, pasar a coger de manera puntual el otro modelo de tarjetas, hasta no precisar ayuda alguna. Será la mejor forma de ver si el alumnado entiende el contenido y ver su progreso en el aprendizaje.

En cuanto a los recursos manipulativos, no os preocupéis, no me he olvidado. Os enseño mis favoritos:

MARCA UN GOL. En este divertido juego, el alumnado tendrá que meter los balones de fútbol en la portería correspondiente. Cada balón tiene una palabra escrita, la cual tendrán que leer y colocar en la portería de las agudas, llanas, esdrújulas o sobresdrújulas.

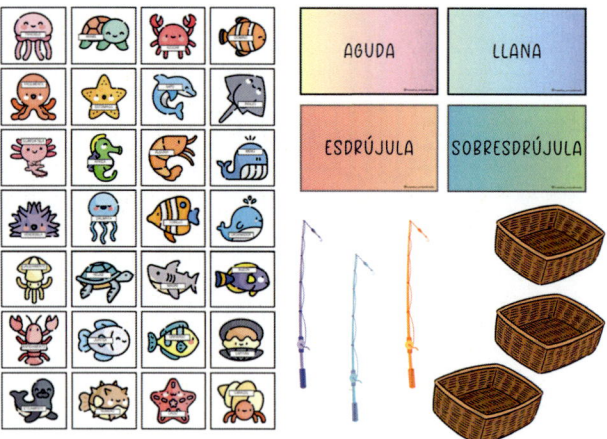

¡A PESCAR! Sin duda, un exitazo en mis clases. Agrupamos al alumnado en tríos y le entregamos una caña de pescar y un cestito a cada uno. En las mesas o en el suelo, pondremos las tarjetas de "aguda, llana, esdrújula y sobresdrújula". En una caja o bolsa, tendremos el resto de tarjetas con los dibujos de animales marinos que, a su vez, llevan escrita una palabra. El juego consiste en ir sacando de manera aleatoria esos dibujos, leer la palabra en voz alta y que cada peque, con su caña, pesque el tipo de palabra que es. Si acierta, mete ese dibujo en el cesto y así sucesivamente hasta terminar todas las tarjetas. Os lo prometo, les encanta.

Además de los anteriores, os voy a compartir tres fichas de repaso:

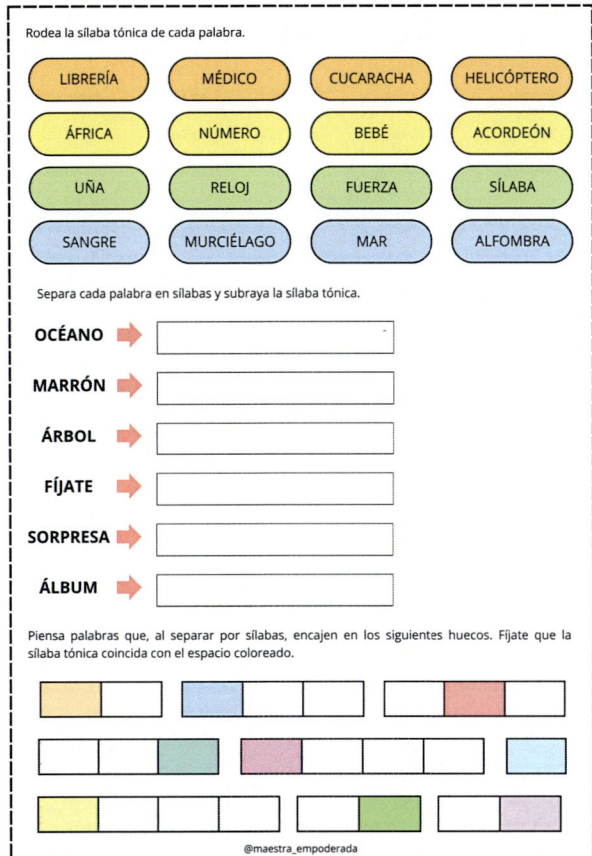

Rodea la sílaba tónica de cada palabra.

LIBRERÍA — MÉDICO — CUCARACHA — HELICÓPTERO

ÁFRICA — NÚMERO — BEBÉ — ACORDEÓN

UÑA — RELOJ — FUERZA — SÍLABA

SANGRE — MURCIÉLAGO — MAR — ALFOMBRA

Separa cada palabra en sílabas y subraya la sílaba tónica.

OCÉANO ➡

MARRÓN ➡

ÁRBOL ➡

FÍJATE ➡

SORPRESA ➡

ÁLBUM ➡

Piensa palabras que, al separar por sílabas, encajen en los siguientes huecos. Fíjate que la sílaba tónica coincida con el espacio coloreado.

En esta, el alumnado tendrá que leer las palabras del primer ejercicio y rodear la sílaba tónica de cada una. Continuará con la segunda actividad, separando cada palabra en sílabas y subrayando la sílaba tónica. Finalmente, deberá pensar ejemplos que encajen en los huecos que se facilitan, fijándose que la sílaba tónica deberá coincidir en la casilla coloreada.

La siguiente ficha consta de dos ejercicios. En el primero, el alumnado tendrá que leer y clasificar todas las palabras según sean agudas, llanas o esdrújulas. En el segundo, explicará por qué llevan tilde o no los ejemplos que se muestran, recordando las normas de acentuación.

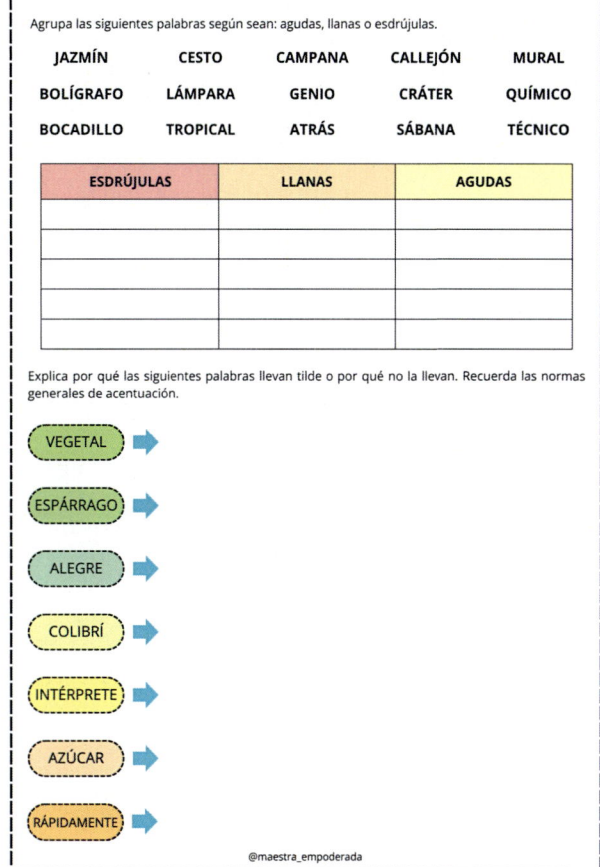

Agrupa las siguientes palabras según sean: agudas, llanas o esdrújulas.

JAZMÍN — CESTO — CAMPANA — CALLEJÓN — MURAL
BOLÍGRAFO — LÁMPARA — GENIO — CRÁTER — QUÍMICO
BOCADILLO — TROPICAL — ATRÁS — SÁBANA — TÉCNICO

ESDRÚJULAS	LLANAS	AGUDAS

Explica por qué las siguientes palabras llevan tilde o por qué no la llevan. Recuerda las normas generales de acentuación.

VEGETAL ➡

ESPÁRRAGO ➡

ALEGRE ➡

COLIBRÍ ➡

INTÉRPRETE ➡

AZÚCAR ➡

RÁPIDAMENTE ➡

En la última ficha, tendréis tres nuevos ejercicios. El primero vuelve a ser una clasificación, pero en este caso tendrán que fijarse si las palabras son agudas con tilde o sin ella, llanas con tilde o sin ella y esdrújulas. En el segundo ejercicio, tendrán que poner el acento solamente en aquellas palabras que lo necesiten. La tercera actividad será de colorear las estrellas según su acentuación.

¿Habéis visto cuántos recursos y actividades de repaso?
¡Seguro que vuestros peques mejoran mucho!

Clasifica las siguientes palabras:

AVIÓN	HUCHA	TRÉBOL	MÚSICA	BIZCOCHO
TUCÁN	PANTALLA	AMISTAD	MELÓN	LÁPIZ
VÉRTICE	RECOGER	PAPEL	ARMÓNICA	ÓSCAR

ESDRÚJULAS	LLANAS CON TILDE	LLANAS SIN TILDE	AGUDAS CON TILDE	AGUDAS SIN TILDE

Coloca tildes a las palabras que lo necesiten.

PAJARO · COMIDA · TOMATE · HIGADO · LIBRO · BASCULA

SOL · NARIZ · RADIO · CARTON · CRATER · TIMPANO

Colorea siguiendo las pautas, fijándote en la palabra que hay escrita en cada dibujo.

| Aguda sin tilde: amarillo | Aguda con tilde: verde | Llana sin tilde: naranja |
| Llana con tilde: azul | Esdrújula: lila | Sobresdrújula: rosa |

SETA · MANTEL · MÁGICO · VIAJAR · ORDÉNASELO · HÚMEDO

ÁRBOL · COLLARÍN · REPÍTEMELO · PRÓXIMO · MELOCOTÓN · FÚTBOL

@maestra_empoderada

La acentuación de diptongos, triptongos e hiatos

A principios del capítulo tres explicaba la clasificación de las vocales. Estas pueden ser abiertas o fuertes (A, E, O) y cerradas o débiles (I, U).

En el momento en que se juntan dos o más vocales seguidas en una misma palabra, surgen los diptongos, triptongos e hiatos.

A continuación, describiremos qué son, cuándo se forman y cuándo se acentúan.

LOS DIPTONGOS: se producen cuando dos vocales se pronuncian en la misma sílaba. Existen tres situaciones:

*La unión de una vocal abierta tónica (A, E, O) y una vocal cerrada átona (I, U). Por ejemplo: peine, causa. En caso de llevar tilde, siempre deberá ser en la vocal abierta. Por ejemplo: náutico.

*La unión de una vocal cerrada átona y una abierta tónica. Por ejemplo: hierba, suave. En caso de llevar tilde, siempre será en la vocal abierta. Por ejemplo: después.

*La unión de dos vocales cerradas distintas (UI, IU). Por ejemplo: ciudad, ruido. En caso de llevar tilde, siempre irá en la segunda vocal. Por ejemplo: cuídate.

LOS TRIPTONGOS: ocurren al juntarse tres vocales en una única sílaba. La vocal abierta ocupará la posición central mientras que las vocales cerradas, la inicial y final. Por ejemplo: miau, vieira. En caso de llevar tilde, siempre será en la vocal abierta. Por ejemplo: apreciéis.

LOS HIATOS: se forman cuando dos vocales se pronuncian en sílabas distintas. Existen tres combinaciones:

*Vocal abierta átona seguida de una vocal cerrada tónica y viceversa. Por ejemplo: día, reímos. Siempre colocaremos la tilde sobre la vocal cerrada. Por ejemplo: María (aunque vaya en contra de las reglas generales de acentuación).

*Dos vocales iguales. Por ejemplo: azahar, poseer. Se colocará la tilde siguiendo las reglas generales de acentuación. Por ejemplo: zoólogo (por ser esdrújula).

*Dos vocales abiertas distintas. Por ejemplo: poema, teatro. Se colocará la tilde siguiendo las reglas generales de acentuación. Por ejemplo: Noé (por ser aguda terminada en vocal).

La teoría nunca resulta fácil hasta que la ponemos en práctica, pero nos pasa a los adultos también. ¿Cuántas veces habéis leído algo que no entendíais y os ha parecido mucho más fácil después de un ejercicio o ejemplo?

Os ayudo en esa parte y os propongo nuevos recursos para evitar la frustración y desmotivación en vuestros peques.

En primer lugar, para que esa teoría resulte más atractiva y visual, os dejo este resumen con ejemplos:

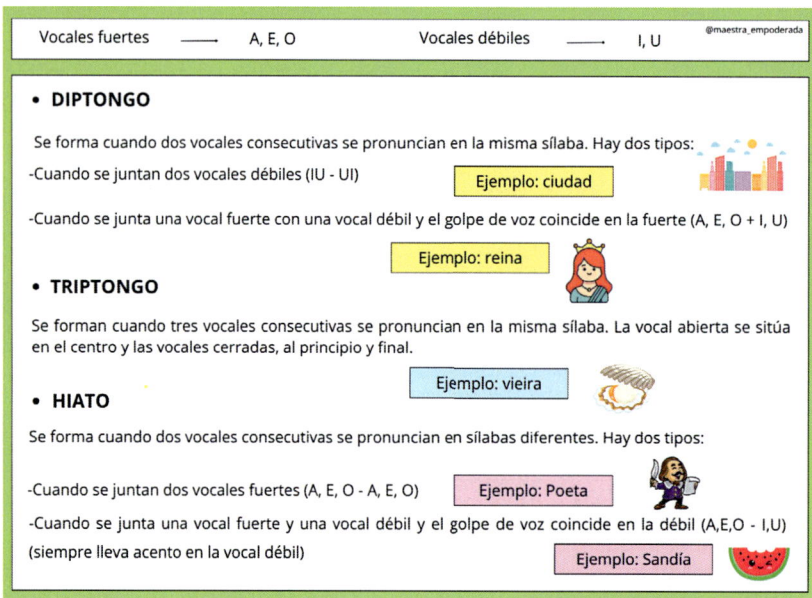

Vocales fuertes → A, E, O   Vocales débiles → I, U   @maestra_empoderada

• DIPTONGO

Se forma cuando dos vocales consecutivas se pronuncian en la misma sílaba. Hay dos tipos:

-Cuando se juntan dos vocales débiles (IU - UI)   Ejemplo: ciudad

-Cuando se junta una vocal fuerte con una vocal débil y el golpe de voz coincide en la fuerte (A, E, O + I, U)

Ejemplo: reina

• TRIPTONGO

Se forman cuando tres vocales consecutivas se pronuncian en la misma sílaba. La vocal abierta se sitúa en el centro y las vocales cerradas, al principio y final.

Ejemplo: vieira

• HIATO

Se forma cuando dos vocales consecutivas se pronuncian en sílabas diferentes. Hay dos tipos:

-Cuando se juntan dos vocales fuertes (A, E, O - A, E, O)   Ejemplo: Poeta

-Cuando se junta una vocal fuerte y una vocal débil y el golpe de voz coincide en la débil (A,E,O - I,U)

(siempre lleva acento en la vocal débil)   Ejemplo: Sandía

Por otro lado, ios comparto tres nuevos recursos!

El alumnado tendrá que colorear de verde las huellas que contengan un diptongo y de naranja las que contengan un hiato.

¿Os acordáis de las carreras por relevos?

Podemos repasar este contenido de la misma manera, fomentando el aprendizaje cooperativo. El recurso consiste en agrupar cada perla en su correspondiente concha.

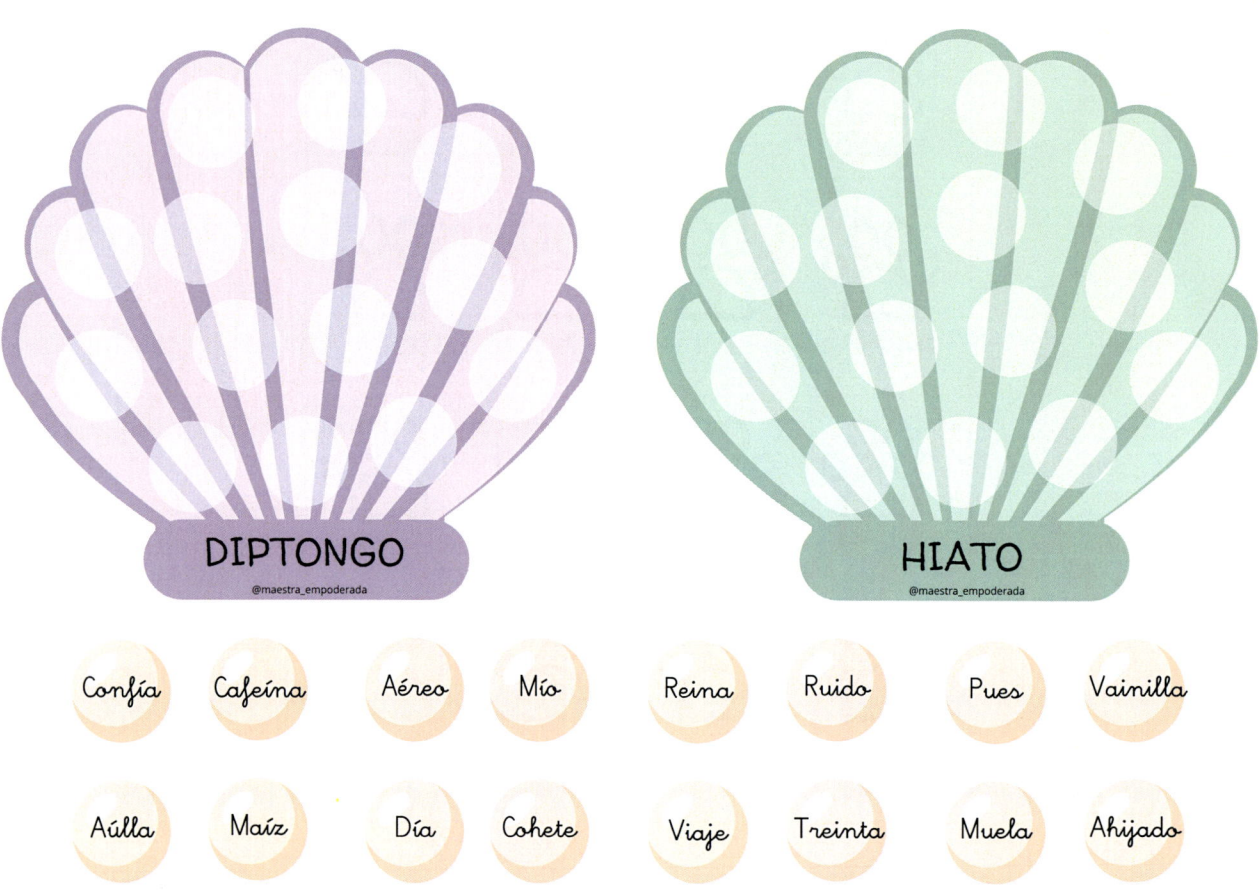

DIPTONGO

@maestra_empoderada

HIATO

@maestra_empoderada

Confía   Cafeína   Aéreo   Mío   Reina   Ruido   Pues   Vainilla

Aúlla   Maíz   Día   Cohete   Viaje   Treinta   Muela   Ahijado

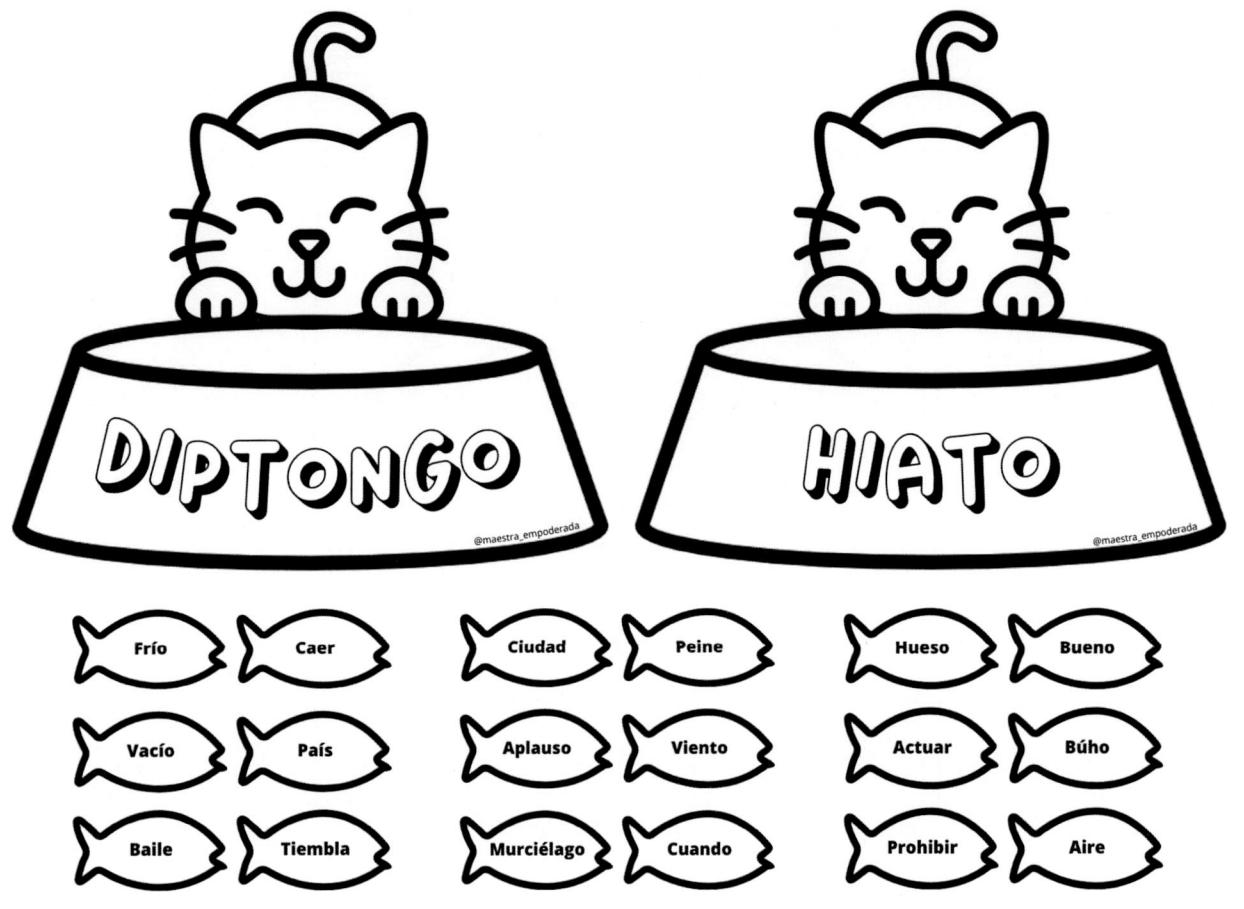

Similar al anterior, tendrán que clasificar los pececitos en el comedero de cada gato. En este caso, podéis imprimir el recurso y pegarlo en la libreta de cada estudiante para que, cada uno, lo coloree a su gusto.

Para finalizar este apartado, os enseño las dos fichas con las que podréis hacer el repaso final.

Colorea según el patrón indicado.

Diptongo: azul	Triptongo: verde	Hiato: amarillo

Indica si cada palabra es diptongo o hiato y explica por qué lleva tilde o no.

JAULA ➡

BIOGRAFÍA ➡

AÉREO ➡

MIEDO ➡

@maestra_empoderada

En esta ficha tendrán una gran mandala para colorear según si la palabra que está escrita en cada parte contiene un diptongo, triptongo o hiato.

Además, terminarán con el segundo ejercicio indicando si cada palabra lleva diptongo o hiato y por qué se acentúa o no cada una de ellas.

¡Ya falta poquito para terminar este capítulo!

La acentuación en las palabras monosílabas

Por regla general, las palabras de una sola sílaba, no se acentúan. Por ejemplo: mar, sol, gris.

En caso de que exista un diptongo o triptongo, se considerará palabra monosílaba. Por ejemplo: bien, riais.

No obstante, si se forma un hiato, se convertirá en palabra bisílaba y seguirá las reglas generales de acentuación. Por ejemplo: vaho.

Cabe destacar que si el hiato está compuesto por una vocal cerrada tónica se acentuará, independientemente de las normas que ya conocemos. Por ejemplo: tía, río.

Finalmente, debemos saber que existen palabras monosílabas que suenan igual y les colocamos una tilde para diferenciarlas. Por ejemplo: mi, mí. Se conoce como tilde diacrítica y la explicaremos en el siguiente apartado.

De hecho, tendréis que esperar un poquito para conocer los recursos que he preparado para repasar ambos ya que, al estar relacionados, será más fácil de entender cuando hayáis leído todo. Así que... ¡seguid leyendo y descubriréis más materiales!

La tilde diacrítica

Como hemos apuntado en el apartado anterior, la tilde diacrítica permite diferenciar palabras que se escriben igual, pero pertenecen a categorías gramaticales distintas. Por tanto, su significado también será diferente.

A continuación, conoceremos algunas situaciones en las que debemos utilizar la tilde diacrítica:

EN ALGUNAS PAREJAS DE MONOSÍLABOS. El (artículo determinado, masculino, singular). Él (pronombre personal, masculino, singular). En el siguiente ejemplo los diferenciaremos mejor: El niño me dijo que le entregara la caja a él.

EN ALGUNOS INTERROGATIVOS Y EXCLAMATIVOS. Cómo (adverbio interrogativo o exclamativo). Como (puede funcionar de adverbio relativo, conjunción o preposición). Veremos un ejemplo más claro: ¿Cómo irás al partido? Como está lloviendo, iré en coche.

Desde la última normativa de la Real Academia Española en el año 2010, los pronombres demostrativos no llevan tilde. Por ejemplo: este, ese, aquel.

Para finalizar, es fundamental saber que hay muchos más ejemplos de palabras con tilde diacrítica. Para conocerlos, recomiendo

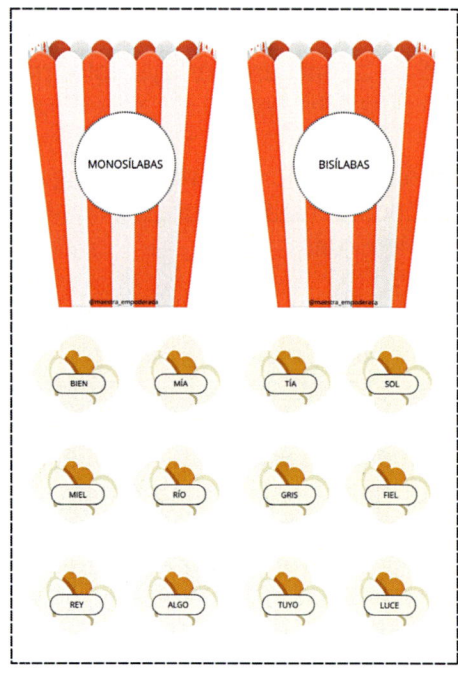

consultar la RAE y así evitar las posibles faltas de ortografía.

Ahora sí que sí, os enseño los recursos para trabajar la tilde diacrítica y las palabras monosílabas.

El alumnado tendrá que clasificar las palomitas en sus correspondientes cubos, diferenciando las palabras en monosílabas o bisílabas.

Con el objetivo de que sea más visual y fácil de entender, he diseñado unas tarjetas para que el alumnado tenga un llavero con los ejemplos más frecuentes de tilde diacrítica.

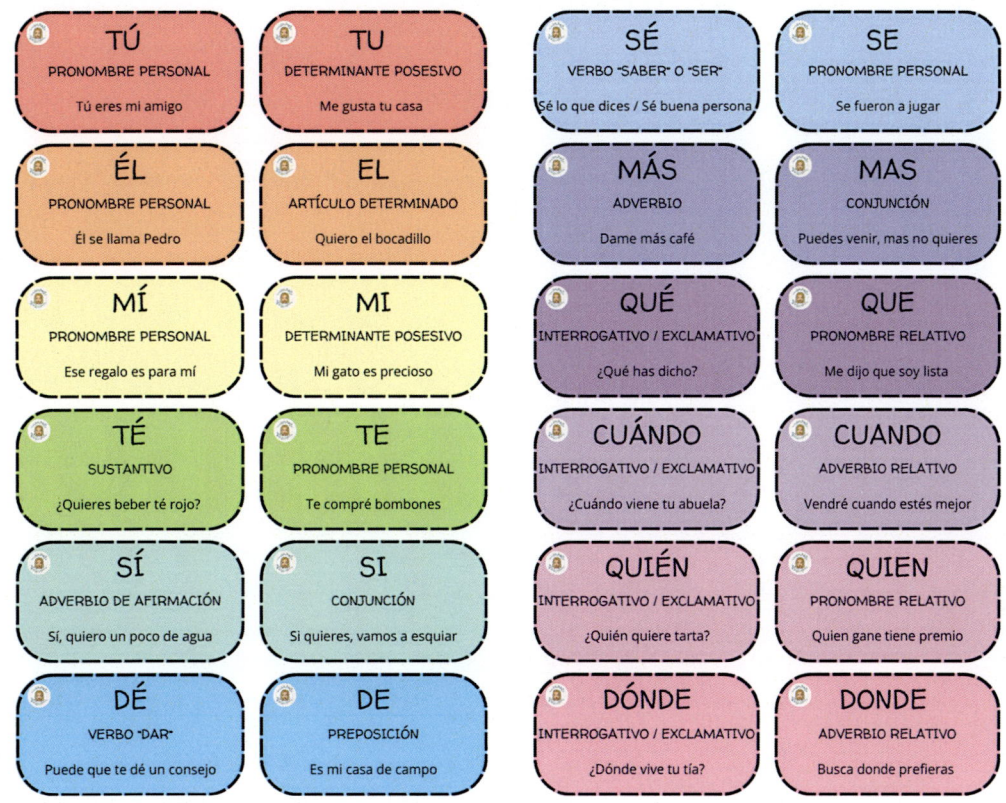

TÚ	TU	SÉ	SE
PRONOMBRE PERSONAL	DETERMINANTE POSESIVO	VERBO "SABER" O "SER"	PRONOMBRE PERSONAL
Tú eres mi amigo	Me gusta tu casa	Sé lo que dices / Sé buena persona	Se fueron a jugar

ÉL	EL	MÁS	MAS
PRONOMBRE PERSONAL	ARTÍCULO DETERMINADO	ADVERBIO	CONJUNCIÓN
Él se llama Pedro	Quiero el bocadillo	Dame más café	Puedes venir, mas no quieres

MÍ	MI	QUÉ	QUE
PRONOMBRE PERSONAL	DETERMINANTE POSESIVO	INTERROGATIVO / EXCLAMATIVO	PRONOMBRE RELATIVO
Ese regalo es para mí	Mi gato es precioso	¿Qué has dicho?	Me dijo que soy lista

TÉ	TE	CUÁNDO	CUANDO
SUSTANTIVO	PRONOMBRE PERSONAL	INTERROGATIVO / EXCLAMATIVO	ADVERBIO RELATIVO
¿Quieres beber té rojo?	Te compré bombones	¿Cuándo viene tu abuela?	Vendré cuando estés mejor

SÍ	SI	QUIÉN	QUIEN
ADVERBIO DE AFIRMACIÓN	CONJUNCIÓN	INTERROGATIVO / EXCLAMATIVO	PRONOMBRE RELATIVO
Sí, quiero un poco de agua	Si quieres, vamos a esquiar	¿Quién quiere tarta?	Quien gane tiene premio

DÉ	DE	DÓNDE	DONDE
VERBO "DAR"	PREPOSICIÓN	INTERROGATIVO / EXCLAMATIVO	ADVERBIO RELATIVO
Puede que te dé un consejo	Es mi casa de campo	¿Dónde vive tu tía?	Busca donde prefieras

Para finalizar, podemos ofrecerle al alumnado esta ficha para que pueda escribir oraciones con la pareja de palabras que se ofrece en cada caso. Esta actividad nos ayudará a ver el progreso en el aprendizaje de este contenido.

¿Preparados para un nuevo capítulo? ¡Demostrádmelo!

CAPÍTULO 5
LOS SIGNOS DE PUNTUACIÓN

Comenzamos un nuevo capítulo fundamental para que los peques aprendan a utilizar los signos de puntuación, ya que, generalmente, los suelen confundir e incluso olvidar en sus textos u oraciones.

Para expresarnos correctamente, es necesario marcar unas pausas que estructuren el texto. Esto facilitará al receptor la comprensión e interpretación del discurso.

A continuación, conoceremos algunos de los signos de puntuación más utilizados en la etapa de primaria.

Ah, se me olvidaba... en cada recurso, les acompañará un nuevo amigo. ¡Ya me entenderéis!

La coma

Se trata de una breve pausa dentro de un enunciado. A continuación, veremos en qué casos podemos usarla:

- Delante y detrás de incisos.

- Entre los términos de una enumeración.

- Con conectores de tipo explicativo. Por ejemplo: o sea, en fin, al parecer.

- Con adverbios y locuciones que funcionan como modificadores del discurso. Por ejemplo: realmente, sin embargo, sobre todo, en primer lugar, generalmente.

- Delante de partículas adversativas y concesivas. Por ejemplo: pero, más, aunque.

- Con nexos causales. Por ejemplo: ya que, debido a, pues.

- En la datación de cartas y documentos.

- Uso semántico, es decir, cuando la necesitamos para dar un sentido u otro.

¡Con el siguiente recurso, el alumnado conocerá a Leo! Un personaje muy atento, pero con dificultades para entender el uso de la coma.

¿Serán capaces vuestros peques de ayudarle?

Ella es Sofía amiga mía que vino a conocerte.

En la frutería compré manzanas peras limones y arándanos.

Quise ir al concierto pero fue imposible.

Cuando no descansa es un poco desagradable.

Esa casa según mi madre está encantada.

Quiero que Eva tu mejor amiga venga a dormir.

El punto

Es una pausa más larga que la coma y se coloca al final de un enunciado. Existen tres tipos:

- Punto y seguido: ocurre dentro de un mismo párrafo y sirve para separar oraciones que tienen sentido completo, pero están relacionadas entre sí y comunican varias ideas del mismo tema.

- Punto y aparte: se coloca al final de un párrafo para indicar que se va a cambiar el contenido.

- Punto y final: lo utilizamos para terminar un escrito de manera definitiva. Las abreviaturas siempre llevan un punto al final. Por ejemplo: Avda.

Es necesario recordar que las siglas, los acrónimos y los símbolos no llevan puntos. Por ejemplo: EEUU, ONCE.

Tampoco debemos escribir punto detrás de los signos de interrogación y de exclamación. Por ejemplo: ¡Qué me dices! Cuéntame más.

¡Es el turno de Vanesa! Es muy trabajadora, pero confunde los tipos de punto que existen.

¡Necesita la ayuda de vuestro alumnado!

Mi familia me ha regalado un perro precioso Lo hemos adoptado de una protectora y es muy cariñoso, aunque un poco asustadizo, pero nos han dicho que es normal al principio También hemos ido a comprar su bebedero, comedero, su cama...

Su nombre es Suerte porque mi madre dice que ha sido una suerte para nosotros tenerle y para él haber encontrado a una familia

Juega mucho con los palos y los cojines del sofá Me encanta su compañía y le quiero un montón

Los puntos suspensivos

Se utilizan para interrumpir una oración o en un final impreciso. Las situaciones en las que se pueden utilizar son:

- Al final de enumeraciones abiertas o incompletas con el valor de etcétera.

- Para expresar duda, temor o vacilación.

- Para dejar un enunciado incompleto o en suspenso.

- Al omitir una parte en la reproducción literal de un texto o frase.

Cabe destacar que detrás de los puntos suspensivos se usa mayúscula, excepto cuando no cierran un enunciado.

¿Creéis que vuestro alumnado sabrá utilizar los puntos suspensivos? ¡Vamos a averiguarlo!

Os presento a… ¡Lola! Un poquito distraída, pero muy cariñosa. Después de una caída, se ha olvidado del uso de los puntos suspensivos… Por favor, decidles a vuestros peques que la ayuden, ¡es urgente!

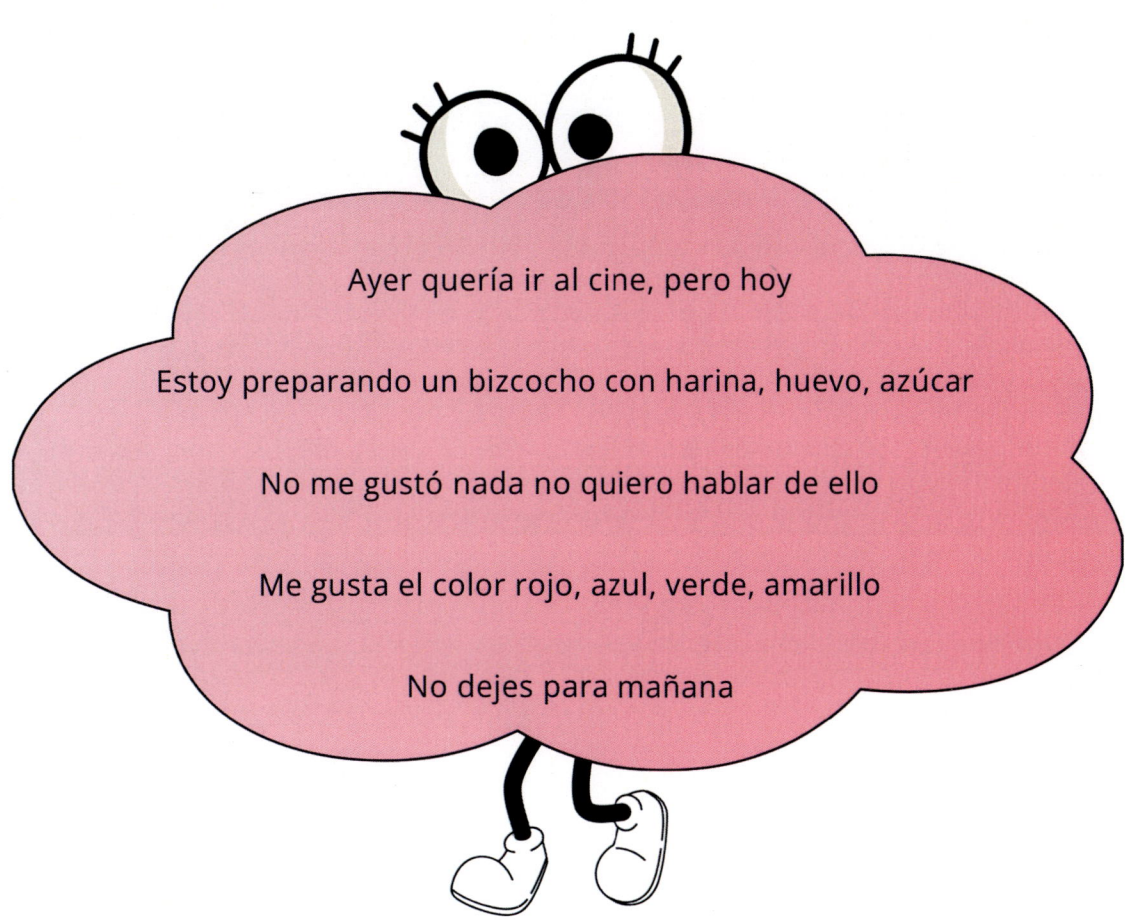

Ayer quería ir al cine, pero hoy

Estoy preparando un bizcocho con harina, huevo, azúcar

No me gustó nada no quiero hablar de ello

Me gusta el color rojo, azul, verde, amarillo

No dejes para mañana

El punto y la coma

Indica una pausa superior a la de la coma, pero inferior a la del punto. La utilizamos para:

- Separar elementos de una enumeración cuando esta incluye oraciones complejas.

- Separar oraciones yuxtapuestas cuando ya se ha utilizado la coma.

Aquí tenéis a Rodolfo, un personaje algo desconfiado. Dice que necesita ayuda para el repaso del punto y coma, pero no se fía de cualquiera...

¿Conseguirá vuestro alumnado ayudarle?

Ella es mi hermana mayor Manuel, el menor.

La nube es blanca el cielo es azul el sol, amarillo.

A Rosa siempre le gustaron los conejos Javier, por su parte, prefería las tortugas.

Preguntó dónde estaba nadie lo sabía.

Llegaste a tiempo por lo tanto, empecemos ya.

Los dos puntos

Sirven para detener el discurso y llamar la atención ante lo que va a suceder. Los casos en los que podemos utilizarlos son:

- Para dar paso a una enumeración.
- Se colocan antes de escribir una cita textual.
- Se emplean al inicio de cartas y documentos.
- Separan los ejemplos de la oración anterior.

¡Cuidado! Basilio está enfadado porque se ha equivocado en el uso de los dos puntos... y no parece querer ayuda de nadie.

¡Necesito que vuestros peques le hagan entrar en razón y repasen con él!

Miguel dijo "haz muchas fotografías".

Fuimos todos al teatro mamá, papá y yo.

Amplio, bonito y nuevo así debe ser nuestro piso.

Querida Ana tengo muchas ganas de verte.

Tu plato debe tener verduras, huevo y carne.

No ganaste las elecciones no serás presidente.

El terremoto causó daños hay 90 heridos.

El paréntesis

Este signo de puntuación se utiliza para añadir en un enunciado una información complementaria o aclaratoria.

Los usos que le podemos dar son:

- Para interrumpir un enunciado con intención de hacer una aclaración.
- Para intercalar algún dato como fechas, lugares...
- Al escribir las acotaciones de un autor en obras teatrales.
- En las letras o números que introducen elementos en una clasificación.
- En fórmulas matemáticas.

Os presento a Romeo, un personaje muy inteligente... aunque inseguro de sí mismo. Sabe colocar los paréntesis, pero cree que con la ayuda de alguien lo hará mucho mejor.

¡Seguro que vuestros peques consiguen resolver sus miedos!

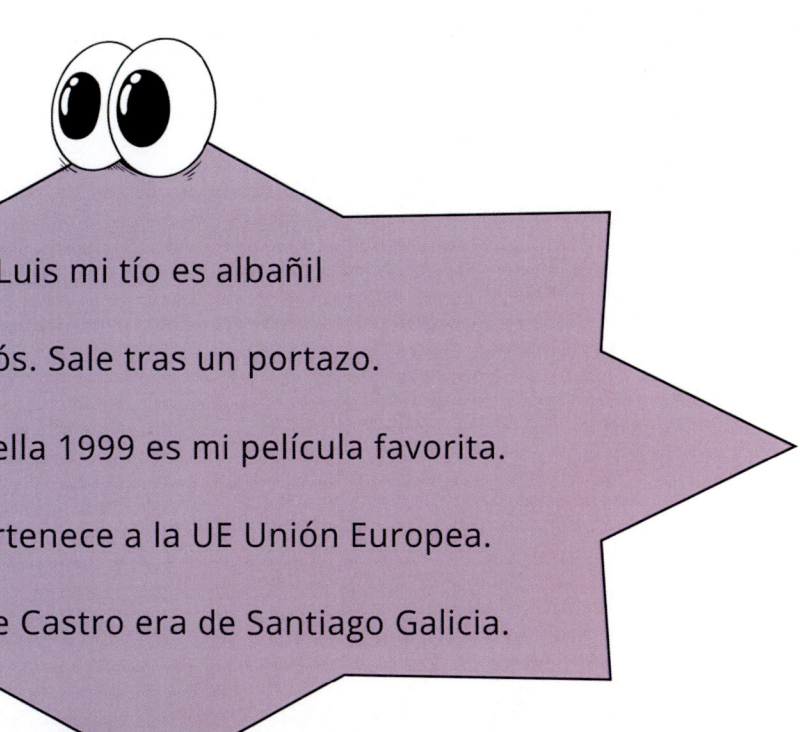

Luis mi tío es albañil

-Adiós. Sale tras un portazo.

La vida es bella 1999 es mi película favorita.

España pertenece a la UE Unión Europea.

Rosalía de Castro era de Santiago Galicia.

Interrogación y exclamación

Son signos de puntuación dobles que sirven para introducir enunciados interrogativos y exclamativos. En ambos casos, existe un signo de apertura que va pegado a la primera palabra y otro signo de cierre, pegado a la última palabra de la oración.

A pesar de que en otras lenguas solo se coloca el signo del final, en español no debemos suprimir el inicial ya que se consideraría una falta de ortografía.

En el caso de los signos de interrogación, los utilizamos para realizar alguna pregunta, mientras que los signos de exclamación sirven para resaltar emociones o estados de ánimo.

Cabe destacar que una misma oración puede tener distinta finalidad según los signos que se utilizan. Veamos un ejemplo:

* Carla estuvo aquí
* ¿Carla estuvo aquí?
* ¡Carla estuvo aquí!

En el primer caso, se trata de una oración afirmativa. La segunda es una oración interrogativa y la última corresponde con un enunciado exclamativo.

A continuación, conoceremos algunos datos relevantes para utilizar correctamente los signos de interrogación y exclamación:

- Pueden combinarse con cualquier otro signo de puntuación, a excepción del punto.

- Si la exclamación o interrogación no coincide con el inicio de un enunciado, la primera palabra dentro de los signos irá en minúscula.

- Si se escriben varias preguntas o exclamaciones seguidas, independientes, todas deberán comenzar con mayúscula. Por el contrario, si todas forman parte del mismo enunciado, solo la primera irá en mayúscula y el resto se separarán por comas o punto y coma.

Por último, os presento a Jesulín. Es un personaje tímido que no pide ayuda por vergüenza, pero realmente necesita que repasen con él la diferencia entre la interrogación y exclamación...

¿Podrá vuestro alumnado facilitarle la tarea?

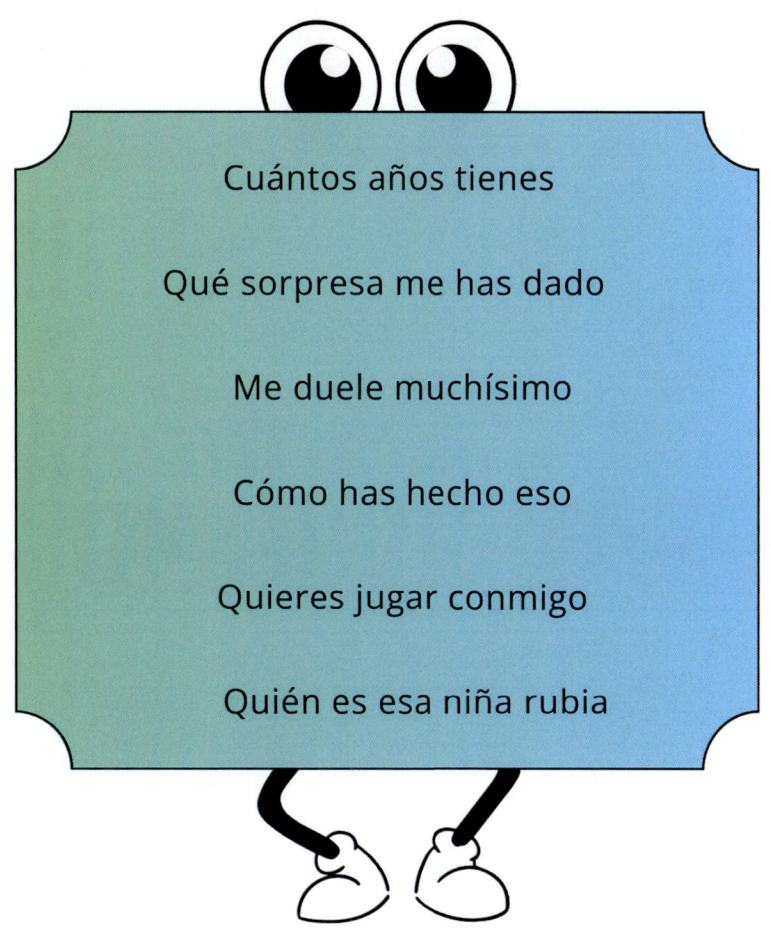

Cuántos años tienes

Qué sorpresa me has dado

Me duele muchísimo

Cómo has hecho eso

Quieres jugar conmigo

Quién es esa niña rubia

¡Espero que os haya gustado el repaso con los personajes tan chulos que he creado! Eso sí... todavía tengo un as en la manga para el repaso general, así que, seguid leyendo.

Os he preparado un tablero con tarjetas para que el repaso de los signos de puntuación sea más divertido y motivador.

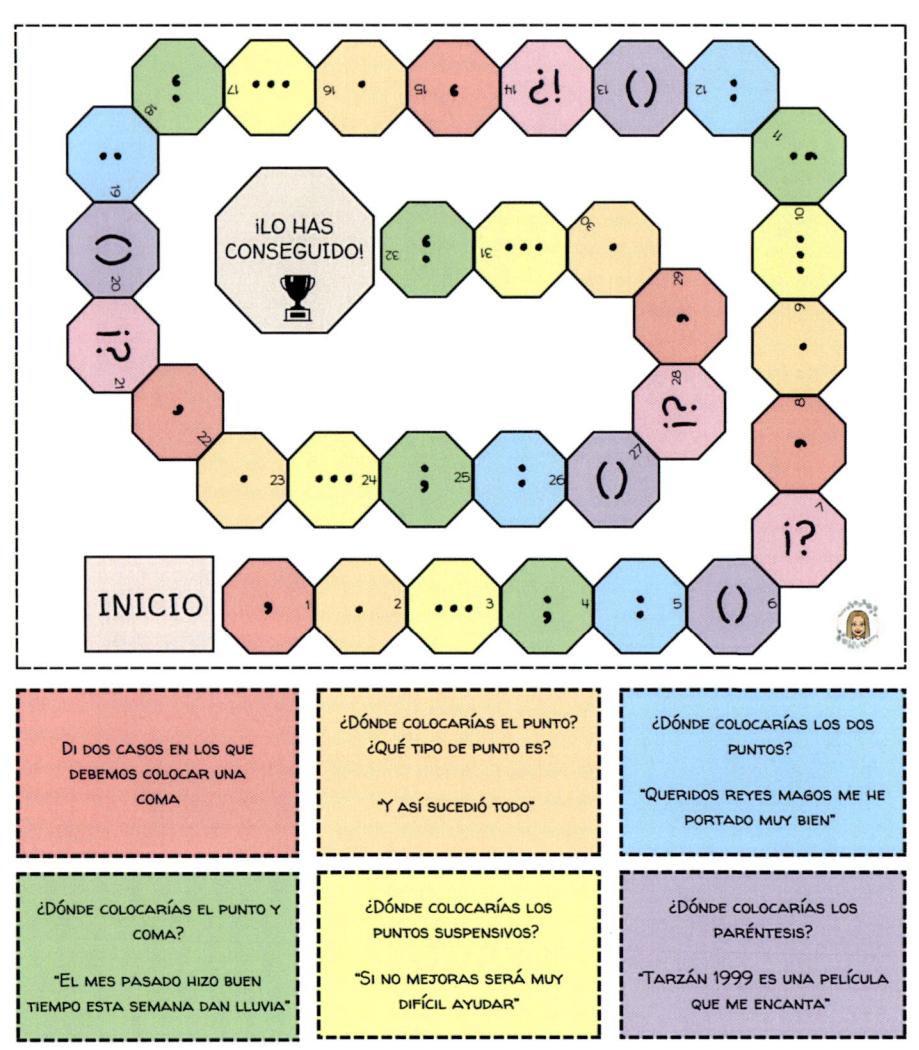

¿A qué peque no le gusta un juego de mesa? Sin duda, pasar un rato divertido mientras aprenden es una gran idea que debemos aprovechar.

Podemos hacer grupos de tres o cuatro estudiantes. Cada alumno colocará una ficha de colores en la casilla de inicio y, con un dado, irán tirando para caer en nuevas casillas. Cada una de ellas tendrá un color relacionado con un signo de puntuación y, en su turno, cogerá una tarjeta del mismo color que la casilla. La leerá en alto y tratará de resolver lo que se pide. Ganará el que primero llegue a la última casilla del juego.

Podéis poner vuestras propias normas, por ejemplo, al fallar o acertar en cada turno. Podrán avanzar, quedar en el sitio o incluso retroceder. Así lo haréis a vuestra manera o incluso podéis proponer que el alumnado diga alguna regla de juego.

¿Qué os ha parecido?
¡Es una idea fantástica!

CAPÍTULO 6
PALABRAS HOMÓNIMAS

Entramos en el último capítulo de este libro y, aunque me da pena que este viaje por la ortografía se termine, me hará muy feliz pensar que los recursos están ayudando a vuestros peques.

¿Me acompañáis un poquito más antes de despedirme? ¡Vamos allá!

Muchos niños tienen dificultades a la hora de escribir palabras que se pronuncian igual. Estas palabras se denominan homónimas y debemos diferenciarlas por sus distintos significados.

Una pista para poder escribirlas correctamente es fijarnos en su contexto, es decir, en el resto de palabras que la acompañan para poder entender su significado.

Las palabras homónimas se clasifican en dos tipos:

- Homógrafas: se pronuncian y escriben igual, pero tienen distinto significado. Por ejemplo: vino (verbo venir), vino (bebida).

- Homófonas: se pronuncian igual, pero se suelen escribir diferente y también tienen distinto significado. Por ejemplo: hola (saludo), ola (del mar).

Sé lo que estáis pensando... quizás os ha parecido poca teoría, ¿no? Pero lo importante no es la cantidad de información, sino el haberla entendido correctamente.

Para asegurarnos, lo mejor será practicar con nuevos materiales. ¡Os enseño!

En primer lugar, trabajaremos la clasificación de las palabras homónimas. Es la mejor manera para asegurarnos de que el alumnado diferencia correctamente una palabra homófona de una homógrafa.

¿Os apetece un helado? Pues con este recurso vais a poder clasificar cada bola en su cucurucho, fijándoos en la palabra escrita en cada una.

RAYA / RALLA

BAYA / VALLA

ABRÍA / HABRÍA

HOLA / OLA

HOMÓFONAS

VINO / VINO

SAL / SAL

NADA / NADA

SOBRE / SOBRE

HOMÓGRAFAS

Por otro lado, les pediremos que dibujen cada pareja de palabras de la siguiente ficha:

A continuación, encontrarás varias palabras homógrafas y tendrás que dibujar cada una de ellas para entender sus significados.

COLA (ANIMAL)

COLA (PEGAMENTO)

LLAVE (PUERTA)

LLAVE (HERRAMIENTA)

RÍO (VERBO REÍR)

RÍO (AGUA)

CURA (HERIDA)

CURA (IGLESIA)

@maestra_empoderada

Una de las mejores formas de entender las palabras homógrafas es leyendo su contexto o a través de un dibujo. ¡Como la segunda opción es mucho más divertida, seguro que lo hacen encantados!

Y para terminar… una ficha con dos ejercicios nuevos sobre las palabras homófonas.

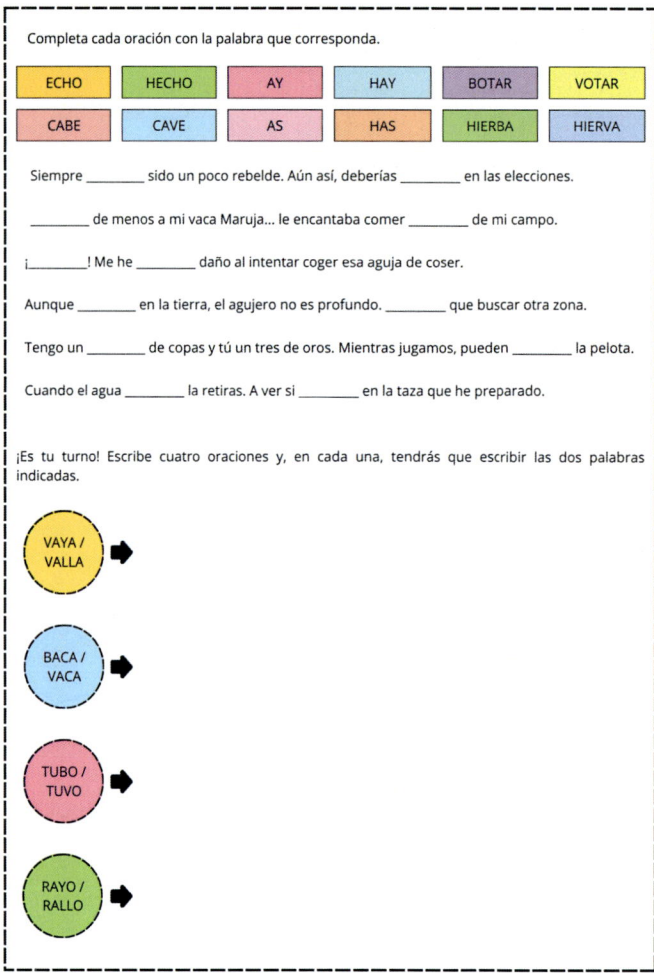

Completa cada oración con la palabra que corresponda.

| ECHO | HECHO | AY | HAY | BOTAR | VOTAR |
| CABE | CAVE | AS | HAS | HIERBA | HIERVA |

Siempre _____ sido un poco rebelde. Aún así, deberías _____ en las elecciones.

_____ de menos a mi vaca Maruja… le encantaba comer _____ de mi campo.

¡_____! Me he _____ daño al intentar coger esa aguja de coser.

Aunque _____ en la tierra, el agujero no es profundo. _____ que buscar otra zona.

Tengo un _____ de copas y tú un tres de oros. Mientras jugamos, pueden _____ la pelota.

Cuando el agua _____ la retiras. A ver si _____ en la taza que he preparado.

¡Es tu turno! Escribe cuatro oraciones y, en cada una, tendrás que escribir las dos palabras indicadas.

VAYA / VALLA ➡

BACA / VACA ➡

TUBO / TUVO ➡

RAYO / RALLO ➡

En el primero, tendrán que completar las oraciones con las palabras de los recuadros. En el segundo, serán ellos los que escriban diferentes oraciones con las palabras escritas en los círculos.

Todo llega a su fin, ¿no? El curso en el colegio, las vacaciones, este libro…

Aunque me gustaría enseñaros el último recurso para que podáis hacer un repaso general de todos los contenidos. ¿Os parece bien? Pues venga, ¡no hay tiempo que perder!

¡He pensado que este juego les encantará!

Podemos agrupar al alumnado en un máximo de cuatro estudiantes, ya que cada uno tendrá que elegir una rana como ficha para moverse por el tablero.

En cada turno, tirarán el dado y caerán en una casilla. Hay dos opciones: que sea una casilla especial, donde tendrán que respetar las instrucciones del juego; o una casilla normal. En el último caso, cogerán una tarjeta aleatoria, la leerán en alto y resolverán lo que se pida.

Ganará el primero en llegar a la meta, pero ¡cuidado! Algunas casillas no son nada buenas.

En el PDF tenéis el tablero, las fichas, el dado, las instrucciones y 48 tarjetas para repasar todos los contenidos que hemos ido viendo sobre ortografía.

Ahora sí que sí... ¿Qué os han parecido todos los recursos? Espero de corazón que tanto estos como los anteriores se cuelen en vuestras aulas (o en casa con las familias) para ayudar a los peques a entender un poquito mejor la ortografía.

Y si me necesitáis, sabréis cómo encontrarme y estaré feliz de ayudar en todo lo que sea posible.

¡Un abrazo gigante!

AGRADECIMIENTOS

A mis profesores del colegio, por haberme transmitido el cariño de la enseñanza y haberme contagiado su vocación. Gracias a ellos me he sentido una niña afortunada y feliz.

A mi alumnado, por ser los grandes protagonistas de todo: de mi vocación y de este libro. Espero tener un hueco en vuestro corazón para siempre.

A mi madre, por agarrarme de la mano cada día, por confiar en mí y apoyarme en todas las decisiones que tomo. Ella me ha dado la vida, y me la sigue dando.

A mi madrina, la persona que lo ha dado todo por mí siempre, me ha aconsejado en cada momento y se ha emocionado en cada uno de mis logros.

A mis abuelos, por ser mis pilares, mis personas favoritas en el mundo. Sé que es típico decir que deberían ser eternos, pero no hay verdad más grande.

A mi hermano, por estar orgulloso de mí, igual que yo lo estoy de él.

A mi pareja, por haber sido y seguir siendo mi mitad, por creer en mí más que nadie, por brindarme un amor tan puro y valorarme.

A la vida. Tengo la gran suerte de trabajar en lo que me gusta, de tener personas maravillosas a mi lado, de cumplir sueños y aventurarme en proyectos y oportunidades que me ayudan a crecer personal y profesionalmente.

Gracias a todos los que formáis parte de este libro y de mi vida. Os quiero.

RECURSOS DESCARGABLES

Os dejo varios códigos QR que os llevarán a una carpeta de Drive en cada caso. Están divididas por contenidos para que lo tengáis todo organizado.